Der Blumengarten

EDITION MARKMANN

Der Blumengarten

FORMEN - FARBEN - STIMMUNGEN

Hörnemann

Impressum

ISBN 3-92-8193-09-0
Hörnemann Verlag KG, Bielefeld

Redaktionelle Gesamtproduktion:
Lothar Markmann Kommunikation LMK, 2057 Reinbek
Text: Erika Markmann, 2057 Reinbek
Layout: Dieter Weinrich, 2000 Hamburg 67
Illustrationen: Ingrid Küster-Wasow, 2000 Hamburg 50
Titelfoto: Jürgen Becker, 4000 Düsseldorf
Satz: Profi-Satz Jürgen Reimann, 2050 Hamburg 80
Druck: Neue Stalling GmbH & Co. KG, 2900 Oldenburg
Printed in Germany

Fotonachweis und Bildvermerke

Jürgen Becker, 4000 Düsseldorf: Seite 2, 6, 26, 32 (oben), 38, 50, (Gartenarchitekt: Rösner/Papenfuß, Solingen), 54, 71 (oben), 72, 74, 78 (Gartenarchitekt: Bödecker/Mettmann), 80 (Gartenarchitekt: Rösner/Papenfuß, Solingen), 83 (Gartenarchitekt: Rösner/Papenfuß, Solingen), 90 (Gartenarchitekt: Wejers, Haarlem/Holland), 96 (Gartenarchitekt: Stuurmann, Egmond/Holland) 97, 98 (unten, Gartenarchitekt: Rösner/Papenfuß, Solingen) 99, 100 (unten), 102, 105 (Mitte), 106 (oben), 140.
Fotodienst Fehn, 6501 Schwabenheim: Seite 23 (unten), 27, 43, 47 (unten), 52, 61 (rechts), 63, 73 (unten), 75 (unten), 82, 85, 86, 87, 89 (rechts), 92, 101 108, 116, 148 (oben).
Irene Lehmann, 7634 Kippenheim: Seite 42, 59 (unten), 60, 67, 69, 79 (unten), 84, 91 (unten), 95, 100 (oben), 105 (oben).
Lothar Markmann, 2057 Reinbek: Seite 39, 41 (unten), 49, 71 (unten), 122, 123, 124, 125, 126, 127, 128, 130, 131 (oben), 132, 133, 134, 135, 136, 137, 138, 139, 141, 142, 143, 144, 145, 146, 147 (unten), 149, 150, 151.
Marion Nickig, 4300 Essen: Seite 1 (Garten: Greve, Heerlen/Holl.), 104, 115.
Bildarchiv Sammer, 3044 Neuenkirchen: Seite 5, 6, 8-17, 23 (oben), 24 (unten), 35 (oben), 37, 40, 45 (oben), 64, 65 (oben), 73 (oben), 79 (oben), 81, 111, 148 (unten), U 4 (links oben).
Doris Schlaback-Becker, 4000 Düsseldorf: Seite 98 (oben, Gartenarchitekt: Stuurmann Egmond/Holland).
Friedrich Strauß, 8309 Au i. d. Hallertau: Seite 5, 6, 18, 20, 21, 22, 23 (links), 24 (oben), 25, 28, 29, 32 (unten), 33 (unten), 34, 41 (oben), 44, 46, 47 (oben), 51, 55, 57, 58, 61 (links), 62, 65 (unten), 66, 70, 76, 77, 88, 89 (links), 93, 105 (unten), 106 (unten), 107 (unten), 119, 120, 131 (unten), 147 (oben), U 4 (rechts oben und unten).
Max Felix Wetterwald, 7600 Offenburg: Seite 6, 30, 35 (unten), 36, 45 (unten), 48, 53, 56, 59 (oben), 68, 75 (oben), 91 (oben), 94, 107 (oben), 113, 117.

Ihr ganz persönlicher Stil

Statistiker haben's längst herausgefunden: Weit mehr als 15 Millionen Gärten gibt es in unseren Landen. Und bestimmt ist keiner darunter, in dem nicht wenigstens die eine oder andere Blume wächst. Reine Blumengärten werden immer beliebter.

Meister in der Kunst der Blumengarten-Gestaltung sind englische Gärtner – allerdings haben sie, in entsprechend großen Gärten, oft sogar in Parks, auch reichlich Fläche für üppige Beete zur Verfügung. Aber selbst der kleinste Reihenhausgarten läßt sich in ein blühendes Paradies verwandeln, Ideen (oder Kreativität) vorausgesetzt. Und Ideen wollen wir Ihnen in diesem Buch vermitteln. Wir möchten Ihnen zeigen, was Sie alles mit Blumen in Ihrem Garten anfangen können. Ob Sie sich einen Garten der vier Jahreszeiten einrichten oder eine kleine blühende Duftecke, ob Sie Blumen im Steingarten mögen – für alles und noch für vieles mehr finden Sie Beispiele im Ideenteil.

Suchen Sie sich aus, was Ihnen gefällt. Haargenau übertragen aber sollten Sie die Ideen bitte nicht – und sei das Foto dazu noch so schön. Mal ganz abgesehen davon, daß jeder Garten sein eigenes Klima hat, seine eigenen Bodenverhältnisse, wo nicht alles wächst und gedeiht, so sollte er doch auch Ausdruck Ihres ganz persönlichen Stils sein. Schließlich ist ja auch Ihre Wohnung unverwechselbar. Also verändern Sie unsere Vorschläge, fügen Sie einiges hinzu, lassen Sie etwas weg, kombinieren Sie das eine mit dem anderen.

Bei der Lektüre dieses Buches werden Sie feststellen, daß es eigentlich alles ganz „normale" Blumen sind, die wir Ihnen zeigen. Blumen, die Sie in jedem Garten-Center, bei jedem Gärtner kaufen können.

Nur, sie sind halt ein bißchen anders arrangiert, präsentiert. Und bewußt haben wir auf viele Fotos traumhafter englischer Gärten verzichtet. Es nützt Ihnen nämlich gar nichts, wenn die Pflanzen im milden Klima Südenglands zwar prächtig gedeihen, in unseren Breiten aber kümmerlich vor sich hin vegetieren.

Und ebenso bewußt haben wir auch einen Akzent auf das „natürliche Gärtnern" gelegt. Das beginnt bei den Materialien – Holz statt Beton –, geht über die Pflanzformen weiter – üppige Blütenhecken statt schmaler Schnitthecken (vorausgesetzt: Platz ist da) – und endet bei der Pflege – Kompost statt Kunstdünger, Pflanzenbrühen statt chemischer Keule.

Übrigens: Rechnen Sie nicht damit, daß Ihr Garten jemals ganz fertig wird. Das wäre wohl auch langweilig – schließlich ist die Beschäftigung draußen eines der schönsten Hobbies, die es gibt.

Und wenn bei Ihrer Arbeit im Garten neue Fragen auftauchen, dann können wir Ihnen auch weiterhelfen. Denn dieses Buch steht am Beginn einer neuen Gartenbuch-Reihe, es erscheint gleichzeitig mit dem Band „Gartengestaltung". Andere Themen, die sich mit anderen Bereichen des Gartens beschäftigen, werden folgen. Damit der Spaß am Garten kein Ende hat.

ERLEBNIS

Ein Garten, der alle Jahre wieder völlig anders aussieht, kann natürlich nie langweilig werden. Und außerdem ist der Besitzer nach eigener Aussage ein „echter Teich- und Wasserpionier“. Die große Reportage **Wandelgarten** ab Seite 8

IDEEN

Mit Blumen läßt sich jeder Garten immer wieder neu gestalten, arrangieren: **Möglichkeiten** ab Seite 18

PRAXIS

Wer die Tricks kennt, macht aus einem öden Stück Land fast mühelos eine traumhafte Gartenanlage: **Handarbeit** ab Seite 102

PFLANZEN

Ein paar Informationen zu den verschiedenen Blumen sollte man schon haben. 50 Porträts sagen alles über Aussehen, Blütezeit, Anforderungen an Boden und Klima: **Flower Power** ab Seite 120

Inhalt

ERLEBNIS

Eine Reportage von
Pia Schneider-Petersen
und Lutz M. Kaiser
mit Fotos von
Siegfried Sammer

In einem ständigen Wandel begriffen ist dieser Garten. Zuerst war's sozusagen natürliche Notwendigkeit, jetzt liegt es an dem Gartenbesitzer, dem alle Jahre wieder Neues einfällt. Und genau das ist es, was auf einer relativ kleinen Fläche von nur 600 Quadratmetern nie Langeweile aufkommen läßt.

Wetten, daß dieses Grundstück im nächsten Jahr wieder ganz anders aussieht?

Wandelgarten

Im Anlehngewächshaus wird Gemüse vorgetrieben. Hier erfolgen auch die Vorbereitungen zur sommerlichen Blumenpracht im Garten. Und: Hier überwintern alle kälteempfindlichen Pflanzen. Eine Heizung macht's möglich.

Vom Architekten-Plan zur Natur

Der Garten des Neuenkirchener Fotografen Siegfried Sammer (warum eigentlich haben so viele Fotografen so herrliche Gärten?) läßt sich wohl am besten mit „einerseits" und „andererseits" umschreiben. So nämlich:

Einerseits ist er recht klein: noch nicht einmal 600 Quadratmeter. Andererseits wirkt er recht großzügig. Das macht die so unglaublich geschickte Bepflanzung, daß der unvoreingenommene Betrachter jedesmal wieder etwas Neues entdecken kann.

Einerseits scheint alles zu wachsen wie es will. Andererseits muß doch überall die ordnende Hand des Gartenbesitzers eingegriffen haben.

Einerseits gab's da mal einen Plan eines Gartenarchitekten. Andererseits hat der gute Mann seinen Entwurf wahrscheinlich schon nach wenigen Jahren nicht mehr erkannt – weil sich dieser Garten ständig ändert, wandelt, weil er umgestaltet wird. Was wiederum einerseits auf die Natur, andererseits auf Siegfried Sammers Umgestaltungsdrang zurückzuführen ist.

Aber beginnen wir mal am Anfang, wie sich das so gehört. 1977 gab's nur ein kahles Stück Land inmitten weiter Felder und Wiesen. Sammers, frischgebackene Haus- und Gartenbesitzer, mühten sich zunächst einmal, den typischen Sandboden der Lüneburger Heide (der normalerweise so viel nicht hergibt) und den übriggebliebenen Bauschutt zu verbessern: mit Unmengen Kompost. Dann testeten sie das Ergebnis mit Japani-

Nur wenige Blüten-Farbkleckse sind im Vorgarten zu finden. Grün in zahlreichen Nuancen überwiegt. Weil es von verschiedenen Büschen, Bäumen und Pflanzen kommt, wirkt es abwechslungsreich.

Jahrelang kümmerte die Glyzine vor sich hin. Und plötzlich ergossen sich Blütenkaskaden über die Terrasse. Dieses Prachtstück ist einer der zahlreichen optischen Höhepunkte in einem Garten, der nach Auskunft des Besitzers „wohl nie richtig fertig wird!“

schen Rettichen und Erdbeeren. Und siehe da, die Ernte fiel üppig und reichlich aus – so schlecht wie befürchtet und vermutet konnte der neue Boden denn ja wohl doch nicht sein.

Völlig ungeplant, gleichwohl hochwillkommen, leuchteten im ganzen Garten rote Farbkleckse. Mohn hatte sich angesiedelt – wahrscheinlich war der Samen zusammen mit dem Kompost aufs Grundstück gelangt. Vereinzelt finden sich diese „Erstbewohner“ noch heute auf dem Sammer-Gelände; zum größten Teil allerdings wurden sie durch „richtige“, durch gewollte Blumen ersetzt.

Im ersten Jahr jedenfalls entstand zunächst mal der berühmte Plan, entworfen und gezeichnet vom Sammer-Bruder, dem schon erwähnten Gartenarchitekten. Der gab dem Garten als erstes dicht bepflanzte Grenzen, setzte Zierstrauch neben Zierstrauch. Im Westen wachsen Heckenkirschen, die sich im Frühsommer mit rosaroten Blüten und im Hochsommer mit blutroten Früchten schmücken. Im Osten wird das Grundstück von einer lockeren Spiersträucher-Hecke begrenzt, die im April/Mai mit weißen Blütenkaskaden überschüttet ist. Im Süden, am hinteren Grundstücksrand, stehen die verschiedensten Sträucher kunterbunt nebeneinander: Hartriegel und Hortensie, Schneeball und Sanddorn, Schönfrucht, Feuerdorn und viele andere. Dazwischen wachsen aber auch Bäume: Birke und Eberesche, Ahorn, Weide und ähnliche.

Einer von insgesamt neun Gartenteichen: Viele waren ursprünglich einmal Mörtelkübel, eine geschickte Bepflanzung aber läßt das nur noch erahnen.

Von der Sonne zum Halbschatten

Vor allem im Frühjahr verwandeln sich die grünen Grenzen in bunte. Im Herbst tragen viele der Frühjahrsblüher leuchtende Beeren. Von Juni bis Oktober schauen überall zwischen den Blättern Rosenblüten hervor.

Duftende Höhepunkte gibt es in einigen Gartenecken, unter anderem mit Seidelbast und Geißblatt. Wenn der Schmetterlingsstrauch, die Buddleja, blüht, wird sie von Faltern umschwirrt. Und selbst im Winter ist der Garten nicht blüten- und trostlos: Dann öffnet die Zaubernuß ihre schönen gelben Knospen.

In den ersten Jahren war der Sammersche Garten den ganzen Tag über der Sonne ausgesetzt (damals müssen die Sommer noch besser gewesen sein als heute): Morgens ging sie am linken Grundstücksrand auf, stand mittags senkrecht über dem Rasen und ging am Abend hinter den Heckenkirschen unter. Darauf abgestimmt waren die Blumenbeete. Im Osten entstand eine ausgesprochene Sonnenrabatte; der Hügel im Süden verwandelte sich in einen typischen sonnenhungrigen Heidegarten, im Westen wuchsen am Teichufer feuchtigkeitsliebende Pflanzen mit einem sehr hohen Lichtbedarf.

Im Laufe der Jahre wuchsen die Sträucher und Bäume an den Grenzen verblüffend kräftig heran. In gleichem Maße hielten sie die Sonne ab – so daß sich der Sonnengarten allmählich in einen halbschattigen verwandelte. Und damit verschwand auch die Sonnenrabatte: Sie wurde zum Kräuterbeet. Der Heidegarten machte dann einem zweiten – kleineren – Teich Platz.

Die hübschen Trollblumen (Trollius) sind ideal für halbschattige Plätze: Dort blühen sie länger als in der Sonne: fast drei Monate lang. Und ihre Blüten sind besonders intensiv gefärbt. Im Sammer-Garten wachsen sie überall am Teichrand.

Wird heute etwas neu gepflanzt, dann sind es Funkien und Lilien, Prachtspieren, Primeln, Vergißmeinnicht und andere schattenliebende Pflanzen. Wobei, es muß noch einmal gesagt werden, in diesem Garten ständig neu gepflanzt wird. Denn wie sagt es der Gartenbesitzer so schön: „Irgendwo im Garten gibt's immer etwas Überflüssiges, zu dicht Gewachsenes." Dann werden die Stauden geteilt, in andere Ecken gesetzt. Dadurch werden natürlich die Blumenbeete immer größer und erobern immer mehr vom gepflegten Rasen in der Grundstücksmitte. Was Siegfried Sammer, ein begeisterter Fan des englischen Rasens, mit Fassung trägt – schließlich ist er ja selbst der Verursacher.

Gar nicht lange her, da hat er lauter Frühlingsecken angelegt, mit Anemonen, Tulpen, Hyazinthen, Narzissen und all den anderen Zwiebelblumen. Und dann entstand im Laufe der Jahre immer mal wieder ein neuer Teich. Neun Stück sind es inzwischen, die meisten so groß wie ein Mörtelkübel, was sie ursprünglich auch immer waren. Als die Chronisten den Garten das letzte Mal betraten, war ein Bach geplant. Fast sicher, er ist jetzt schon in die Tat umgesetzt und plätschert vom Hügel im Süden zum Hauptteich am Haus. Sammer sagt denn auch folgerichtig: „Ich nehme für mich in Anspruch, ein Wasser- und Teichpionier zu sein!"

Obwohl es in diesem Garten viele „Wandervögel" gibt – Dahlien und Chrysanthemen gehören dazu, die nicht zwei Jahre hintereinander an derselben Stelle stehen –, hat er seine Fixpunkte.

An der Pergola über der Sitzecke (mit Grill) wächst echter Wein. Ausreichend Sonne garantiert eine zünftige Weinlese.

In einem so vielschichtigen Garten sind Gemüse und Kräuter ein zwingendes Muß: Fotograf und Hobbygärtner Siegfried Sammer bei der Arbeit.

Echte Trauben von echtem Wein

Dazu zählt einmal die große überdachte Terrasse, herrlich überwachsen von einer armdicken Glyzine. Gleich nach dem Einzug damals wurde diese Kletterpflanze gesetzt – und brachte die ersten sechs Jahre nicht eine einzige Blüte hervor. Schon drohte ihr die Säge, da besann sie sich eines Besseren und verwandelt sich seitdem regelmäßig in ein blaues Blütenmeer.

Immer am gleichen Platz blieb auch der Hauptteich in der Gartenmitte, wenngleich sich seine Randbepflanzung ständig ändert. Aber grundsätzlich hat der Teich- und Wasserpionier diesbezüglich schon wieder so seine Pläne: „Am liebsten würde ich die Ränder flacher machen. Mal sehen!" Wetten, daß ...?

Die Pergola an der Westgrenze steht sage und schreibe bereits seit zwölf Jahren an gleicher Stelle: ausgestattet mit einem zweiten Sitzplatz und einem großen Grill, überwachsen von echtem Wein. Der erwischt immerhin noch so viel Sonne, daß es in jedem Jahr für eine Traubenernte reicht. Eigentlich doch ein ganz guter Grundstock für eine echte „Sammer-Spätlese" ... ▶

Nur scheinbar wild wachsen Silberling, Vergißmeinnicht und Wiesenschaumkraut. Wer genauer hinsieht, bemerkt schon die ordnende Hand des Gartenbesitzers.

Zugeschnittene Eisenbahnschwellen sind in der Staudenrabatte die Trittstufen. Dazwischen: Bergsteinkraut, Mauerpfeffer und die hellrosa Bodendeckerrose „Max Graf“.

Hier ist allein der Wechsel beständig

Der Garten grenzt an ein Feld. Die Hecke besteht unter anderem aus Feuerdorn, Sanddorn, Eberesche, Heckenkirsche, Hartriegel, Haselnuß und vielen Hundsrosen.

Vom oberen Stockwerk des Hauses aus ist deutlich zu sehen, wie geschickt angelegt dieser Garten ist: Umgeben von Wiesen und Feldern wirkt er trotz Mauer und Pergolen keineswegs als Fremdkörper.

Direkt vor dem Sammerschen Wohnhaus **1** liegt eine große, teilweise überdachte Terrasse **2**. Im Frühling verschwindet sie fast hinter den dichten Blütentrauben der Glyzine. Gleich nebenan, unter einer Pergola, gibt's einen zweiten Sitzplatz **3**, kombiniert mit einer selbstgemauerten Grillecke. Hier wächst den Bewohnern der Wein in den Mund. Von beiden Sitzplätzen aus blickt man auf den Hauptteich **4**, der an zwei Kanten von einem Pflasterweg, an den anderen Seiten von Pflanzen begrenzt wird. Im Süden liegt ein kleiner Hügel **5**, aufgeschüttet aus dem Teichaushub. Zwischen Ziersträuchern und Blumenrabatten entlang führt ein schmaler „Pflegeweg" **6**. Die Grenzen sind dicht bepflanzt mit Blütensträuchern und niedrigen Bäumen **7**. An die Ostseite des Hauses wurde ein Gewächshaus **8** gebaut, daneben liegt der Kräuter- und Gemüsegarten **9**.

Der schönste Platz für Blumen muß nicht immer auf dem Beet sein. Auch eine Möglichkeit: ein Steingarten. Die Fläche kann ruhig klein bleiben, sollte aber abwechslungsreich bepflanzt werden. Der orangefarbene Scheinmohn zieht alle Blicke auf sich. Eingerahmt wird er von himmelblauen Vergißmeinnicht, von blauem Lein und blauen Traubenhyazinthen. Im Vordergrund blüht gelbes Steinkraut.

Blütenmeere, Fugenfüller, Duftecken: Mit Blumen läßt sich viel gestalten

Möglichkeiten

Im Frühlingsgarten duften sie um die Wette: blaue Vergißmeinnicht und die hohe, purpurrote Korallenraute (Boronia), eine Kübelpflanze, die schon im März an die frische Luft darf.

Im März beginnt das neue Gartenjahr

Frühlingserwachen

Leuchtendgelb strahlen die Schlüsselblumen, an einem sonnigen Platz genauso gut wie im Halbschatten. Hübsch sehen sie auf einer Wiese aus, die aber nicht zu früh gemäht werden darf. Im Laufe der Zeit breiten sie sich weit aus.

Im späten Frühling, im Mai, hat die zierliche Akelei Hochsaison. Besonders gut in einen Naturgarten passen solche einheimischen Arten mit kleinen blauen Blüten.

Die meisten Leute verwandeln ihren Garten in eine Sommerschönheit. Schade drum – schließlich läßt sich das Stück Land rings ums Haus auch so gestalten, daß es zwölf Monate im Jahr einen zauberhaften Anblick bietet.

Am spannendsten ist ohne Zweifel das Frühjahr, wenn die Natur zu neuem Leben erwacht, wenn sich das zarte Grün aus der Erde schiebt und sich die ersten Knospen öffnen. Nach dem Kalender ist der Frühlingsanfang am 20. März. Wann er aber tatsächlich in Ihrem Garten beginnt, ist von Ihrem Wohnort abhängig. Die ersten Frühlingsgefühle entstehen am Bodensee. Von dort aus wandert der Lenz in Richtung Norden. Besonders schnell ist er dabei nicht: Pro Tag schafft er etwa dreißig Kilometer. Flensburger müssen also etwas Geduld haben, bis er bei ihnen eintrifft.

Die ersten Frühlingsboten sind Krokusse und die strahlendblaue Zwergiris. Danach wagen sich Tulpen und Narzissen ans Licht. Sicheres Zeichen, daß der Frühling endgültig seinen Einzug gehalten hat, sind die gelben Löwenzahnblüten auf den Wiesen. Das ist etwa Mitte April der Fall. Und fast schon ein Vorgriff auf den Sommer sind blaue Vergißmeinnichtmeere, duftende Maiglöckchen, elegante Akeleiblüten.

Dominierend in diesem Frühlingsgarten ist ein Meer aus duftenden Dichternarzissen. Als Farbinseln dazwischen eingestreut: rote Tulpen und blauen Traubenhyazinthen. Fixpunkte im Garten sind Forsythien und der Obstbaum.

Farbkleckse und große Gruppen

Zwar kann es im Frühling schon richtig warme Sonnentage geben, trotzdem ist es im Garten oft noch naß und kalt. Planen Sie die Frühlingsblüte deshalb so, daß sie auch von der Wohnung, vom Fenster aus zu sehen ist. Ein Beet am Rande der Terrasse bietet sich an für frühlingsblühende Stauden; die Wiese unterm Apfelbaum kann sich in ein Zwiebelblumenmeer verwandeln.

Vergessen Sie aber auch den Vorgarten nicht; schließlich durchqueren Sie ihn unabhängig von jeder Jahreszeit täglich. Wunderschön sieht es aus, wenn duftende Maiglöckchen den Zugangsweg säumen, wenn sich in den noch kahlen Rosenbeeten Vergißmeinnicht ausbreiten, wenn die Grundstücksgrenze zum Bürgersteig hin von Blaukissen oder Gänsekresse markiert wird.

Stück für Stück verteilen sollten Sie die Frühlingsblumen nicht. Denn kaum etwas wirkt langweiliger als eine einzelne Tulpe oder Narzisse. Als Gruppe jedoch, als Farbklecks von mindestens einem halben Dutzend Pflanzen, werden sie zum Blickpunkt im Garten. Je größer die Farbflächen sind, desto stärker ist ihre Wirkung auf den Betrachter.

Ob Sie mit der ungeheuren Vielfalt etwa allein von Tulpen die Blütenpracht im Frühlingsgarten bestreiten oder Zwie-

Krokusse sehen am schönsten in der Gruppe aus: auf der Wiese, im Steingarten zwischen Polsterstauden, unter Bäumen und unter Sträuchern. Die gelben sind gefährdet: Sie werden oft von Vögeln völlig zerpflückt.

Gewagt und gelungen ist diese Farbkombination aus purpurroten Kissenprimeln und zartvioletten Frühlingsanemonen. Wer dabei farbliche Bedenken hat, kann Pflanzen mit schneeweißen Blüten dazwischensetzen.

Bergenien sind Solisten im Frühlingsgarten. Sie stehen am liebsten allein oder neben hochwachsenden Sommerstauden. Im März und April blühen sie; später wirken sie wegen der riesigen, glänzendgrünen Blätter.

belblumen und frühblühende Stauden miteinander mischen, ist Geschmackssache – und natürlich abhängig von den Wünschen der Pflanzen an den Standort.

Gut miteinander kombinieren lassen sich all die niedrigen Frühlingsboten wie Vergißmeinnicht, Blausternchen, niedrige Tulpen. Sie sehen in einem natürlich gehaltenen Garten gut aus. Vor einem Gartenzaun können die Blumen etwas höher sein: Tulpen und Narzissen passen dorthin. Neben einem Sitzplatz, auf dem Sie die ersten Strahlen der Frühlingssonne genießen, könnten elegante Erscheinungen wie Akelei oder Tränendes Herz wachsen.

IDEEN

Stiefmütterchen sind ein zwar kurzer, dafür aber kunterbunter und preiswerter Frühlingsspaß. Nach der Blüte sterben sie und machen den Sommerblumen Platz.

Ziemlich klein bleiben die Wild- oder botanischen Tulpen. Sie machen sich gut in Steingärten oder unter spät austreibenden Laubgehölzen.

Keine Angst vor Farben

Frühlingsblumen gibt es in den unterschiedlichsten Höhen, in vielen Farben. Wer sich in der Farbgestaltung seines Gartens noch nicht ganz sicher ist, wer nicht genau weiß, was wozu paßt, sollte sich entweder für zarte Pastelltöne wie Rosa, Creme und Himmelblau entscheiden oder für eine Mischung aus klaren Farben wie Rot, Sonnengelb, Leuchtendblau oder Weiß.

Zu einem richtigen Busch wächst das Tränende Herz heran. Zu den zartrosa Blüten passen sehr gut himmelblau blühende Pflanzen wie Vergißmeinnicht.

Beim Zusammenpflanzen müssen Sie daran denken, daß viele Frühlingsblüher nach der Blüte schnell unansehnlich werden, gelbe Blätter bekommen. Sie sollten dann von Sommerblumen verdeckt werden. Oder: Zwiebelblumen bis zum Herbst aus der Erde nehmen.

Wollen Sie neue Frühlingsblumen ausprobieren, setzen Sie diese am besten an einen Extra-Platz zum Kennenlernen, vielleicht sogar in einen Kübel. Wenn Sie die erste Blüte erlebt haben und sehen, wie die Pflanze wächst, fällt es leichter, einen passenden Platz im Garten zu finden.

Gepflanzt wird der Frühling übrigens schon im Herbst. Wer den Termin verpaßt hat, braucht aber nicht traurig zu sein: Auf jedem Wochenmarkt findet sich im März/April ein großes Angebot.

Ein Sommerbild, wie vom Maler gemalt: niedrige Tagetes, halbhohe Rudbeckien, riesige Sonnenblumen. An einem Sonnenplatz hält die leuchtendgelbe Blütenpracht bis zum späten Herbst, bis weit in den Oktober hinein.

Genießen Sie die Schönheit Ihres Gartens

Sommerträume

Entstehen im Laufe des Sommers Blütenlücken, lassen sie sich schnell mit Sommerblumen in Gefäßen füllen. Frostempfindliche wie Begonien kommen im September ins Haus.

Wenn die Eisheiligen – Pankratius, Servatius, Bonifatius, gefolgt von der Kalten Sophie – Mitte Mai vorbei sind, kennt der Garten kein Halten mehr. Selbst frostempfindliche Pflanzen wie Blumenrohr und Dahlie können jetzt nach draußen, treiben aus, wachsen.

Juni, Juli, August – alle drei Monate verkörpern den Sommer. Aber jeder von ihnen ist anders. Im Juni, der Zeit der Rosenblüte, strahlt die Sonne am intensivsten, sind die Tage am längsten. Der Juli, der Monat von Wicken und Winden, von Lilien und Levkojen, bringt die wärmsten Wochen des Jahres, aber auch den meisten Regen. Und im August, wenn die Sonnenblumen blühen, werden die Tage schon wieder kürzer. Die ersten Blumen welken und warten auf ihre herbstlichen Nachfolger.

Das reine Weiß der Margeriten verstärkt die Leuchtkraft anderer Farben – eine ideale Begleiterin für rote Rosen, blauen Rittersporn oder gelbe Schafgarbe.

Entdecken Sie vergessene Gartenecken

Der Sommer mit seiner Blütenfülle ist die Jahreszeit, in der ein Garten am schönsten ist, in der man an lauen Abenden draußen zwischen duftenden Blumen sitzt und sich an der farbigen Pracht ringsum erfreut.

Ein Gang durch den Garten, der bis in die hintersten Ecken führt, gehört zum sommerlichen Schönwetter-Vergnügen. Grund genug, auch oft vergessene Stellen mit Blumen zu schmücken. Lassen Sie Kapuzinerkresse oder duftende Wicken am Geräteschuppen hochranken. Verstecken Sie einen wenig ansehnlichen Zaun hinter hohen Glockenblumen oder buschigen Pfingstrosen. Machen Sie abgeblühte Rhododendronbüsche zum Sommerblickfang, indem Sie leuchtenden Fingerhut dazusetzen. Während der Frühlingsgarten Fernwirkung haben sollte, können Sie jetzt auch kleine Blumen pflanzen, die erst aus der Nähe betrachtet ihre Schönheit zeigen.

Das Angebot an Sommerblumen ist so riesig, daß das Problem nicht die Auswahl, sondern die Einschränkung ist. Meist wird am Anfang viel zu viel gepflanzt. Das ist zwar nicht besonders tragisch, weil sich Überflüssiges, zu dicht Gedrängtes, wieder herausnehmen läßt. Besser aber sehen Blumenbeete aus, wenn sie geplant werden.

Selbst der schmalste Streifen Land läßt sich in eine Sommerschönheit verwandeln. Dicht gedrängt wachsen gelbe Tagetes und rosa Schmuckkörbchen. Dazwischen macht sich die Kapuzinerkresse breit.

Rittersporn als Staude kennt jeder. Seltener, aber genauso prachtvoll im Blumenbeet, genauso schön als Schnittblumen sind einjährige Arten. Besonders dekorativ sehen Züchtungen mit gefüllten Blüten aus.

Gut geplant heißt in diesem Fall: nicht von jedem etwas pflanzen, sondern lieber weniger Arten, dafür aber in größeren Gruppen. Von einer Pflanzengruppe zur anderen sollte der Blick bewußt gelenkt werden. Das erreichen Sie mit einem einfachen Trick: Sie müssen dafür sorgen, daß sich benachbarte Gruppen irgendwie verbinden. Das kann eine Blütenfarbe sein, die aufgenommen wird, Laubformen, die sich wiederholen, nur leichte Höhenabstufungen.

Wo ein Blumenbeet am schönsten aussieht, das hat verblüffenderweise auch etwas mit dem Wetter zu tun. Ist der Himmel in Ihrer Gegend häufig grau und diesig, dann sollte das Beet einen grünen Hintergrund aus Sträuchern haben – das verstärkt die Farben. In einer Schönwetter-Gegend aber sehen die Blumen besonders zauberhaft dort aus, wo sie sich vor dem strahlendblauen Himmel präsentieren können.

Bitte lesen Sie weiter auf Seite 32

Es müssen nicht immer Blumen mit besonders farbkräftigen Blüten sein. In einen Garten mit Wildcharakter passen Kugeldisteln mit ihren fast schon dezenten graublauen Blütenständen und den zurückhaltenden graufilzigen Blättern. Sie locken Bienen an. Und sie sehen später zauberhaft in Trockensträußen aus.

Ein grüner Hintergrund gibt dem Blumenbeet einen festen Rahmen, er läßt die Blicke auf den Blumen ruhen. So kommen die blauen Blüten des Storchschnabels und die weißen Margeriten am besten zur Geltung.

Der schönste Sommerplatz ist zwischen Blüten. Eingerahmt von hohen Sonnenblumen, Petunien im Fensterkasten und der Sonnenbraut-Gruppe (Helenium) vor der Bank geht die Arbeit doppelt so schnell von der Hand.

Plädoyer für bunte Sommerblumen

Fortsetzung von Seite 29

Etwas außer Mode geraten sind kurzlebige Sommerblumen – wohl weil sie mehr Arbeit machen als mehrjährige Stauden. Denken Sie aber einmal an duftende Wicken, elegante Stockmalven, riesige Sonnenblumen, bunte Verbenen – dann wissen Sie, was Ihnen entgeht.

Mischen Sie deshalb Stauden mit ein- und zweijährigen Sommerblumen. Viele der Sommerblüher gibt es im Mai auch vorgezogen im Topf zu kaufen – ideal, wenn sich im Staudenbeet Lücken zeigen. Im Herbst, wenn die Kurzlebigen sterben, können an ihre Stelle die Zwiebeln von Frühlingsblühern kommen.

Sogar ein alter Zaun aus Maschendraht wirkt viel freundlicher, wenn er als Kletterhilfe für die schönen Wicken benutzt wird. Je mehr Blüten Sie schneiden, umso mehr wachsen wieder nach.

Im Sommer mehren sich die Rosa- und Rottöne im Garten. Ein zauberhafter, aber leider schnell vergänglicher Blickpunkt ist so eine Gruppe aus einjährigen Atlasblumen.

Spät im Jahr, wenn die Blätter schon welken, leuchten die gelben und orangeroten Ballons der Lampionblume (Physalis) durch den Garten. Sie sind ein sehr beliebter Schmuck für Trockensträuße.

Im Herbst setzt der Garten zum leuchtenden Finale an

Nachsaison

Bis in den Oktober halten die letzten Blüten der Kapuzinerkresse. Danach bilden sich Samenstände, die Sie ernten und für die Blüte des nächsten Jahres verwahren können. Nehmen Sie die einzelnen Samen aus den Kapseln, verwahren Sie sie den Winter über an einem dunklen, trockenen Ort.

In strahlenden Farben, in Blauviolett oder Weinrot, zeigen sich im September/Oktober die Herbstastern. Wer einen auffallenden Blickpunkt im Garten haben möchte, sollte hohe Sorten als große Gruppe zusammensetzen.

Ende August ändert sich die Stimmung im Garten fast über Nacht. Morgens liegt Tau auf den letzten Blüten der Sommerblumen; die ersten Blätter an den Bäumen werden gelb und fallen; feine Spinnweben durchziehen die Luft. Nach dem Kalender sollte der Herbst erst am 21. September beginnen – meist aber hält er schon früher Einzug.

Ende September folgt meist noch einmal eine Schönwetterperiode: der Altweibersommer, mit erntereifem Obst und Gemüse. In diesen Tagen kann sich freuen, wer im Norden Deutschlands wohnt: Die mittleren Tagestemperaturen an der Küste liegen Ende September deutlich höher als in Südbayern.

Zum Spätherbst zählen die Wochen von Mitte Oktober bis Mitte November. Sie bringen die ersten starken Fröste, Regen und Herbststürme. Dann welkt auch die herbstliche Blütenpracht; das bunte Laub wird von den Bäumen gefegt; der Garten bereitet sich allmählich auf seinen Winterschlaf vor.

Für den Gartenbesitzer ist der Herbst eine arbeitsreiche Zeit: Zwiebeln kommen in die Erde, Gehölze werden gepflanzt, die Blumenbeete müssen endgültig winterfest gemacht werden.

Eine der witzigsten Herbstpflanzen ist ohne Zweifel der Zierkohl, ein naher Verwandter des normalen Gemüsekohls. Wer es übers Herz bringt, die prächtigen Köpfe abzuschneiden, kann sie für Tischdekorationen und Sträuße benutzen.

Blütenausklang mit Astern und Dahlien

Zwar neigt sich das Jahr allmählich seinem Ende zu – das heißt aber nicht, daß es im Garten trostlos zugeht. Ganz im Gegenteil: Nie sind die Farben leuchtender als im September/Oktober. Denn zu den Rottönen, zum Gelb, Lila und Rahmweiß der Blüten gesellen sich bunte Blätter und leuchtende Früchte.

Klein ist das Herbstangebot nicht. Wer es ein wenig ländlich-sittlich mag, setzt möglichst viele Sorten von Zierkohl in den buntesten Farben auf ein Beet (oder sät im Frühjahr aus) und rahmt sie mit immergrünem Buchsbaum ein. Dramatische Effekte erzielen Sie, wenn vor einer weinbegrünten Hauswand, die sich im Herbst tiefrot verfärbt, hohe Chrysanthemen in Gelb und Orange stehen. Ein dicker Tuff von Astern mit hunderten von Blüten, gemixt mit Eisenhut, Ehrenpreis und Meerlavendel, ergibt ein zauberhaftes Beet in Blau.

Kein Herbst, kein Gartenzaun ohne Dahlien – ihre Hochsaison beginnt Ende August und dauert bis zum Oktober. Danach kommen die Knollen zum Überwintern in einen luftigen Keller.

Die Silberkerze mit ihren schmalen, weißen Blütentrauben hellt schattige Ecken auf. Die rotbraun-blühende Fetthenne mit ihren fleischigen Blättern macht sich gut im Kübel. Auf keinen Fall vergessen dürfen Sie Dahlien – gut aufgehoben am Zaun, der ihnen Halt und Stütze ist. Und wer Heidekraut liebt, der kann es vielleicht im Vorgarten als Willkommensgruß einsetzen, zusammen mit polsterbildenden Ziergräsern.

Je später die Pflanzen blühen, umso wichtiger ist es, daß sie auch schon vorher, während der Knospenzeit, etwas zu bieten haben: schöne Blätter oder eine auffallende Wuchsform.

Farbkombinationen machen im Herbst kaum Probleme, da sich die meisten Töne der Blüten im Bereich der Gelb-Rot-Skala bewegen. Aber auch das kräftige Lila wird durch das warme Herbstlicht gemildert und paßt sich an.

Auch im Winter lohnt
auf jeden Fall ein Blick in den Garten

Eisblumen

Fast übernatürlich schön sieht der Teich nach dem ersten Frost aus. Die Blätter und die Blüten der Seerosen sind mit einem Mantel aus Rauhreif überzogen. Die Gräser am Ufer haben die Farbe gewechselt: vom Grün zum fahlen Weiß.

Wenn das Adonisröschen seine butterblumengelben Blütenköpfchen durch die Schneedecke schiebt, dann müssen einfach die ersten Frühlingsgefühle entstehen. Im Laufe der Jahre bildet die hübsche Pflanze einen dichten Blütenteppich.

Das erste Glatteis, den ersten Schnee gibt's meist Anfang Dezember. Die Hoffnung auf eine weiße Weihnacht aber erfüllt sich selten. Und wenn es bis zu den Heiligen Drei Königen am 6. Januar noch nicht so richtig Stein und Bein gefroren hat, dann bleibt der Winter meist auch mild und häufig schneefrei.

Normalerweise allerdings ist der Januar der kälteste Monat des Jahres, in dem sich im Garten wenig rührt und regt. Im Februar schneit es zwar viel – aber es wird auch langsam wieder wärmer, und die Zahl der täglichen Sonnenscheinstunden nimmt zu: von Mitte Januar bis Mitte Februar um anderthalb Stunden. Da wagt sich schon so manche vorwitzige Blüte ans Tageslicht. Wenn der Winterling blüht, tauchen manchmal sogar schon die ersten Bienen auf.

Eine elegante Erscheinung im winterlichen Garten ist das Chinaschilf mit den feinen weißen Federbüscheln. Geschnitten werden die Halme erst im Frühjahr. Bis dahin schützen sie die Pflanze vor Nässe.

Bei Eis und Schnee ist jede Blüte wichtig

In den Wintermonaten genießen Sie Ihren Garten zur Hauptsache vom Haus aus. Damit diese Fenster-Ausblicke zum Genuß werden, kommt es auf die Details an. Denn in der kahlen Umgebung fallen jede einzelne Blüte, jede schön gefärbte Rinde, jede ausgefallene Wuchsform besonders auf.

Das macht die winterliche Gartengestaltung aber auch einfach, weil Sie schon mit wenigen Pflanzen einen ganz besonderen Reiz erzielen.

Zu den frühesten Winterblumen, die Eis und Schnee trotzen, gehören die vielen kleinen Zwiebelblumen: Schneeglöckchen, Winterlinge, Krokusse, Iris. Begleitet werden sie von ausdauernden Pflanzen wie Christrose und Schneeheide. An milden Tagen zeigt sich hier und da ein Duftveilchen. Bergenien sind mit ihren rotbraunen, herzförmigen Blättern auch blütenlos ein schöner Winterschmuck im Garten.

Hübsch ist es, wenn Sie neben die Haustür einen Kübel mit Fichtenzweigen stellen und ihn mit Moos und Zapfen, mit Disteln und früchtetragenden Zweigen von Schneebeeren schmücken.

Mit Glück zeigen sich schon zu Weihnachten die ersten Blüten der Christrose. Zuerst sind sie schneeweiß; dann überziehen sie sich im zunehmenden Alter mit zartem Rosa. Manchmal bauen Christrosen nach einigen Jahren ab. Dann sollten sie geteilt und an anderer Stelle neu gepflanzt werden.

Schneeglöckchen lohnen einen Winterspaziergang in den kalten Garten: weil sie mit ihren weißen nickenden Blütenköpfen eine Freude fürs Auge sind und mit ihrem zarten Duft gleichzeitig der Nase schmeicheln. Schneeglöckchen wirken am besten in großer Menge am Fuß von Sträuchern.

Liebevoll geordnetes Durcheinander: Ringelblumen, Wicken und Lattenzaun – sie gehören zum Garten im ländlichen Stil.

Der Charme der frühen Bauerngärten

Landläufig

Träumen Sie nicht auch manchmal von üppigen, kunterbunten Blumenbeeten, von knackigen Kohlköpfen und frischen Kräutern, von Rosenkugeln, Lattenzäunen und einer gemütlichen Bank am Haus? Mit anderen Worten: von einem Garten aus der guten alten Zeit, ganz im ländlichen Stil gehalten?

Bauerngärten wie von früher waren lange nicht mehr so modern wie heute. Allerdings werden die wenigsten Gartenbesitzer ihr Grundstück von der Pforte bis zur hinteren Hecke in einen stilechten Bauerngarten verwandeln wollen oder können. Das sähe auch nur dann gut aus, wenn mittendrin ein Fachwerkhaus mit Reetdach, Sprossenfenstern und der zweigeteilten Klöntür stände.

Was Sie aber tun können: die schönsten Ideen, die prächtigsten Blumen aus einem Bauerngarten nehmen und auf Ihren Garten übertragen.

Bienen und Schmetterlinge lockt die Mariendistel (Silybum) mit ihren lila Blütenköpfchen an. Sie sät sich von selbst neu aus.

Buchsbaum und Bauerngarten – das sind zwei, die zusammengehören. Buchs wächst langsam, kann außerdem mit der Gartenschere jederzeit niedrig und in Form gehalten werden. Hier ist er immergrüner Rahmen für ein Beet mit Hornveilchen. Die zarten Veilchen brauchen im Winter eine leichte Frostdecke aus Tanne.

„Entzückt den Geist und heilt den Körper" – so wird die Kamille beschrieben. Im Garten entzückt sie vor allem wegen ihrer apfelduftenden Blätter. Dem Körper kommt sie als Beruhigungstee oder auch als Gesichtswasser zugute.

Heiter und voller Lebensfreude

Am üppigsten im ländlichen Garten sind die Blumenbeete. Wie ein großes Blumenmeer wächst es da kunterbunt durcheinander. Da steht ein roter Fingerhut zwischen gelbem Goldlack und blauem Rittersporn, wachsen zarte Madonnenlilien neben robusten Löwenmäulchen.

Wer keinen Platz hat für eine solche Blütenfülle, der sollte die typischen Landbewohner unter den Blumen ganz gezielt pflanzen und so überall am Haus und im Garten heitere Akzente setzen. Das beginnt schon an der Haustür: Dort passen Stockmalven hin, jeweils drei oder vier der meterhohen Riesen links und rechts von der Tür. Eisenhut mit seinen sattblauen Blüten harmoniert besonders gut mit weißen Margeriten. Setzen Sie beide zusammen auf ein kleines Beet; mit Buchsbaum gerahmt wird es zum Blickpunkt.

Der duftende Phlox mit seinen farbenprächtigen Blütendolden wirkt ganz für sich allein, ohne jede Begleitung. Hinter dem schnellwachsenden, kletternden Geißblatt können Sie häßliche Mauern oder alte Lauben verstecken. Mischen Sie ruhig auch unbekümmert Blumen und Gemüse miteinander. Ringelblumen und Kohlköpfe geben ein hübsches Paar ab; Löwenmäulchen passen gut zum Salat; die etwas unscheinbaren Resedablüten werden durch dunkle Spinatblätter hervorgehoben. Gar nicht davon zu reden, wie imposant eine Artischocke über niedrigen Blumen wirkt...

Und was natürlich auch in einen ländlichen Garten gehört, sind Rosen – aber nicht die steif-eleganten, sondern die liebenswürdigen wilden: als Hecke, am Tor oder Treppengeländer.

Dahlien sind gern-
gesehene Zaungäste: weil
sie mit ihrer Höhe einen
guten Sichtschutz abgeben
und weil man sie,
schön wie sie sind, einfach
herzeigen muß.

Auf der Bank sitzen und
den Garten genießen —
links und rechts gerahmt
von üppig blühenden
Pelargonien, die in Kästen
am Fensterbrett wachsen.

Schmuckstücke im Blumenbeet sind glitzernde Rosenkugeln in leuchtenden Farben, mit langen, flatternden Bändern verziert.

Von besonderem Reiz sind die Düfte

Sehr viele der Blumen, die im ländlichen Garten zu Hause sind, besitzen noch etwas ganz Besonderes: zarten Duft. Das beginnt im Frühling mit den ersten Veilchen und dem Goldlack, geht im Sommer weiter mit Ringelblume und Levkoje, mit Bauerntabak, Nelke, Phlox und Pfingstrose. Dazu kommt der Wohlgeruch von den Kräuterbeeten, die natürlich in so einem Garten mit ländlichem Charakter nicht fehlen dürfen: von Lavendel, Minze, Majoran.

Solche Düfte locken Schmetterlinge und Bienen an, machen den Garten noch romantischer, als er es schon durch die Blumenpracht ist.

Aber auch andere Insekten, Vögel und Igel wissen das bunte Durcheinander der vielen Pflanzenarten zu schätzen. So entwickelt sich ein Grün mit ländlichem Charme nicht nur zu einer Augenweide, sondern auch zum ökologischen Lebensraum. Und das ist in unserer umweltgeschädigten Zeit besonders wichtig.

Lilien gehören zu den Höhepunkten im ländlichen Garten, um die herum sich niedrige, bescheidene Blumen gruppieren. Sie mögen Halbschatten.

Selbst ein alter Steintrog kann sich in einen winzigen „Garten im Bauernlook“ verwandeln: hier mit Vergißmeinnicht und Tausendschön.

Schon die alten Römer schätzten den lieblichduftenden Lavendel. – Als Kind des Südens mag er viel Sonne und leichten, trockenen Boden. Setzen Sie ihn neben die Terrasse, in Steingärten oder als duftende Hecke rings um Blumenbeete.

Viele Blumen haben mehr als nur ein schönes Aussehen zu bieten

Dufte Typen

Zu den wohlriechenden Gartenbewohnern gehören viele Frühlingsblumen, so auch die Narzissen. Den stärksten Duft verströmen Dichternarzissen (Narcissus poeticus); ein zarter Duft nach Orangen geht von den Jonquilla-Narzissen aus.

Wer einmal auf einer frischgemähten Bergwiese lag, in Südfrankreich an einem blühenden Lavendelfeld vorbeiging oder in Italien an einem Oleander schnupperte, der weiß erst, wie gut die Natur riechen kann. Leider haben sich die Düfte aus unseren Gärten zunehmend verflüchtigt. Holen Sie sie zurück, und steigern Sie so Ihre Gartenlust.

Duftpflanzen gibt es für jede Jahreszeit, von den ersten Schneeglöckchen und Märzveilchen bis hin zu den letzten Herbstboten, den Koreanischen Chrysanthemen. Manche wie Ziertabak, Engelstrompete und Nachtviole entfalten ihre Duftorgien erst in der Dämmerung. Bei den meisten reicht es, an den Blüten zu schnuppern. In einige aber muß man hineinfassen, sie streifen oder, wie bei Myrte und Zitronenmelisse, die Blätter zwischen den Fingern zerreiben. Blattdüfte verstärken sich an heißen Tagen, vor allem, wenn Blätter nach dem Regen wieder in der Sonne trocknen.

Ein angenehmer Wohlgeruch begleitet jeden, der die Gartentreppe emporsteigt. Besonders intensiv duften die rosaroten Blüten des Ziertabaks (Nicotiana) am Abend. Dann können sie einen ganzen Gartenbereich in ein Schnupperparadies verwandeln. Aber: Ziertabak ist eine einjährige Pflanze, er muß jährlich neu ausgesät werden.

Unter den Schwertlilien gibt es eine ganze Reihe duftender Höhepunkte. Manche riechen nach Mandeln, andere nach Veilchen oder Honig. Je nach Art und Sorte duften sie im Frühjahr oder Sommer, auf dem Blumenbeet, im Steingarten oder am Ufer des Teichs.

Herrlich duftende Gartenideen

Duftpflanzen sollten Sie immer dorthin setzen, wo man sie auch tatsächlich genießen kann. Säumen Sie einen oft begangenen Weg mit duftenden Nelken, mit Phlox oder Goldlack. Bauen Sie sich einen duftenden Laubengang aus einem Holz- oder Stahlgerüst, an dem Kletterrosen oder Geißblatt hochranken. Oder schaffen Sie sich gleich einen Duftpfad an, wie man ihn aus England kennt. Manche Pflanzen nämlich wie Pimpinelle und Minze entfalten ihre Düfte erst, wenn man sie mit Füßen tritt. Und sie sind robust genug, das Getretenwerden unbeschadet zu überstehen.

In einem Kübel auf der Terrasse fühlen sich duftende Lilien wohl; wunderschöne Begleitpflanzen für Rosen sind Lavendel und Katzenminze – die mit ihrem Wohlgeruch gleichzeitig Blattläuse vertreiben. In Schattenecken, unter Sträuchern, können Sie Duftveilchen und Maiglöckchen setzen, die mit der Zeit verwildern. Und zauberhaft sieht es aus, wenn Sie Thymian zu frühblühenden Zwiebelblumen pflanzen. Wenn Tulpen und Narzissen verwelkt sind, ist der Boden dann mit einem blauen, duftenden Blütenteppich bedeckt.

Für das Aroma im Wassergarten sorgen Seerose und Froschbiß und am Ufer Goldkolben und Taglilien. Blattpelargonien in Töpfen können eine Treppe flankieren. Und eine Labsal für die Seele ist ein duftumrahmter Sitzplatz: eine Bank zwischen wickenberankten Gittern.

Riesige Farbflächen sind in
jedem Garten ein atemberaubender Anblick

Blumenmeere

Aus Tausenden von Blausternchen (Scilla) besteht der blaue Blütenteppich. Zum Verwildern brauchen die kleinen Zwiebelblumen eine gute, nahrhafte Erde. Blütennachfolger könnten im Mai niedrigwachsende, botanische Tulpen sein.

Was auf den ersten Blick wie ein übergroßes Margeritenfeld aussieht, entpuppt sich bei näherer Betrachtung als eine Mischung aus echter Kamille und Schafgarbe. Während die Kamille im zweiten Jahr wieder verschwindet oder neu ausgesät werden muß, breitet sich die Schafgarbe in fast jedem Boden von allein weiter aus.

Blüten zu Tausenden – da muß man einfach hinschauen. Das heißt aber nicht, daß so ein Blumenmeer immer überdimensionale Ausmaße haben muß. Auch eine kleine Fläche unter einem Baum, eine Blüteninsel im Rasen können alle Blicke auf sich ziehen.

Besonders bunt und fröhlich schon im Frühjahr sehen solche Flächen mit kleinen Zwiebelblumen aus. Zwar müssen Sie am Anfang ordentlich etwas in den Boden stecken. Wenn Sie sich aber zwischen Schneeglöckchen, Winterlingen, Krokussen, Blausternchen oder Märzbecher entscheiden, sorgen diese von allein für weitere Fülle: Sie breiten sich von Jahr zu Jahr immer mehr aus.

Wer aber aus dem Blumenmeer nicht nur eine Frühlings-, sondern eine Ganzjahresschönheit machen will, sollte dafür sorgen, daß eine Pflanzengruppe der anderen folgt: zuerst die Krokusse, dann im späten Frühling Narzissen, im Sommer Glockenblumen und im Herbst dann die krokusähnlichen Herbstzeitlosen.

Wer von einem solchen Krokusmeer träumt, sollte die Zwiebeln gleich zu Hunderten in den Rasen betten. Mähen dürfen Sie erst, wenn die Blätter der Krokusse verwelkt sind. Sonst haben die Pflanzen keine Möglichkeit, Kräfte für die Blüte des folgenden Jahres zu sammeln.

Heimat für Bienen und Schmetterlinge

Ein Naturschutzgebiet im kleinen, ein Refugium für Bienen, Hummeln, Schmetterlinge und andere Tiere ist eine Blumenwiese. Besonders hoch ist die Artenvielfalt der Insekten, wenn die Wiese nur ein- oder zweimal im Jahr gemäht wird. Mit dem normalen Rasenmäher allerdings schaffen Sie das nicht mehr. Am besten üben Sie vorher den richtigen Umgang mit der Sense...

Wer davon träumt, einen gepflegten Rasen in eine bunte Wiese umzuwandeln, der sollte Geduld und etwa fünf Jahre Zeit einkalkulieren. Denn zuerst muß sich der Dünger im Boden verflüchtigen. Beschleunigen können Sie den Vorgang allerdings mit fertigen Wiesenmischungen, die es zu kaufen gibt. Meist enthalten diese aber vor allem Ackerblumen wie Klatschmohn und Kornblumen. Die blühen zwar schnell, halten sich aber auf Dauer nicht. Wichtiger sind die langsamkeimenden Stauden wie Margeriten, Hahnenfuß, Salbei, Kuckucksnelken.

Der Traum eines jeden Wiesenfreundes: Kornblumen, Klatschmohn, Bartnelken, Dotterblumen, Schwertlilien. Einiges davon wird gesät, anderes im Frühjahr eingepflanzt. Manches ist kurzlebig, vieles kommt in jedem Jahr aufs Neue.

Leider sind Wiesen nur etwas für das Auge. Sie vertragen kein Herumtoben, kein Rücken der Liegestühle, kein Ballspiel, kein Grillfest. Am besten: Diese Wiesen werden überhaupt nicht benutzt und sind einfach nur schön.

Wer etwas „Gebrauchsfesteres" sucht, sollte aus dem gepflegten Rasen einen Blumenrasen machen. Oft entwickelt sich dieser von ganz allein, wenn Sie nicht mehr düngen, weniger häufig mähen und dafür sorgen, daß die Gräser keinen zu dichten Wurzelfilz haben. Die ersten Blumen, die sich nach einigen Wochen einstellen, sind Gänseblümchen und Wiesenklee. Im nächsten Jahr folgt dann hier und da schon eine Margerite, einige Veilchen lassen sich sehen, zusammen mit Wegerich und Ehrenpreis.

Wer erst einmal ausprobieren will, was wächst und – sehr wichtig – wie's aussieht, der kann auch einfach mitten im Rasen einige Inseln stehenlassen oder Randstreifen zum Blühen bringen.

Dichter geht's nicht mehr: In kurzer Zeit bedeckt das Sternmoos (Sagina) mit den Nadelblättchen große Flächen, verdrängt Gras und Unkraut. Im Sommer schmückt es sich mit weißen Blüten.

Bei den meisten Bodendeckern hat Unkraut überhaupt keine Chance mehr

Auslegeware

Eine hübsche Idee:
Als duftender Rand in Rosa wurde entlang einer geschwungenen Pflasterfläche Thymian gepflanzt. Ein zweiter schmaler Steinstreifen hindert die kleinen Pflanzen am Ausbreiten.

Wie ein Dschungel aus der Vogelperspektive – so sieht eine Fläche mit Bodendeckern aus. Blatt liegt neben Blatt, so daß vom Gartenboden nichts mehr zu sehen ist. So eine grüne Decke bietet sich überall dort an, wo kein Rasen gedeiht, wo Flächen klein oder ungünstig geschnitten sind, wo die Gartenarbeit keine Arbeit mehr sein soll.

Sind die Bodendecker erst einmal gepflanzt und zusammengewachsen, brauchen sie so gut wie keine Pflege mehr. Gleichzeitig halten sie jeden Lichtstrahl von der Erde ab. Und das heißt nichts anderes, als daß kein Unkraut mehr keimen und wachsen kann.

Im Grunde genommen sind solche grünen Teppiche nichts anderes als eine Imitation der Natur. Weder im Wald noch am Ackerrand findet sich jemals eine nackte Erdschicht. Es siedeln sich Moos oder Gräser an, Schattenecken verwandeln sich in Farnbeete, an Sonnenplätzen gedeihen Wildblumen.

Alle diese Pflanzen – und auch die Bodendecker im Garten – sorgen dafür, daß der Boden gesund bleibt. Sie halten ihn feucht, so daß er nicht verhärtet. Außerdem aber wird er gut genährt. Denn das Laub von Bäumen und Sträuchern fällt auf die Decke, dringt ein, verwest und kommt dem Boden als kostbarer Humus zugute.

Für den Gartenbesitzer ist in der Regel der Unkraut-Verdrängungs-Effekt ausschlaggebend für die Wahl von Bodendeckern. Bevor dieser jedoch eintritt, müssen Sie noch hart arbeiten: Vorm Pflanzen der grünen Decke muß jedes Unkraut im Boden entfernt werden.

Auch einjährige Sommerblumen wie die Goldrandblümchen (Sanvitalia), die niedrig bleiben, lassen sich als Bodendecker verwenden. Hier sind sie Bindeglied zwischen dem Plattenbelag eines Weges und den höheren Beetblumen.

Es müssen nicht nur Immergrüne sein

Besonders häufig als Bodendecker wird der immergrüne Efeu genommen. Aber so eine düstere Blattdecke ist nicht jedermanns Geschmack. Hübscher sieht da schon das Immergrün mit seinen blauen Blüten aus oder das Stachelnüßchen mit den roten Früchten.

Wer das Schöne mit dem Nützlichen verbinden will, der pflanzt vielleicht weißblühenden Waldmeister – und verwendet ihn gleich für die Maibowle. Ganz zauberhafte Bodendecker sind Walderdbeeren, die winzigkleine, köstliche Früchte bekommen. Und natürlich auch eine ganze Reihe von Kräutern wie niedriger Lavendel, Thymian, Minze.

Auch niedrige Sommerblumen können schnell einen dichten Teppich bilden. Allerdings müssen Sie dann im Frühjahr darauf achten, daß das Unkraut nicht schneller ist als die Blumen. Fast jede ungestützte Kletterpflanze kriecht über den Boden: das Geißblatt genauso wie die Waldrebe oder eine Kletterrose.

Steinbrech-Arten (Saxifraga) breiten sich zwar kräftig aus, werden aber von der Mitte her schnell kahl. Dann müssen sie aus der Erde genommen, geteilt und wieder neu eingepflanzt werden – natürlich immer nur die allerbesten Stücke.

Mitten in einem Meer aus Stachelnüßchen (Acaena), die im Juli karminrote Früchte bekommen, steht ein Steintisch mit Pflanzen in der zweiten Etage. Er bietet sich für solche Pflanzen an, die man in Augenhöhe genießen will.

Mischen Sie ruhig verschiedene Blütenpflanzen miteinander, so daß sich ein buntes Bild ergibt. Legen Sie den Bodendeckern ein paar Steine oder Äste in den Weg. So entstehen interessante Skulpturen, grüne Kunstwerke sozusagen. Manche Pflanzen bilden auch ganz von selbst kleine Büsche oder sanft verlaufende Hügel. Und einige breiten sich so kräftig aus, daß sie regelmäßig in Grenzen gehalten, das heißt sorgfältig zurückgeschnitten werden müssen.

Viel fehlt nicht mehr, dann haben die Sonnenröschen (Helianthemum) den Plattenweg ganz überwuchert. Im Herbst werden sie kräftig zurückgeschnitten.

Manche Pflanzen wachsen auch zwischen Steinen

Füllmaterial

In den Ritzen zwischen Steinmauer und Stufen wachsen Blaukissen und Nieswurz. Sie brauchen viel Sonne; Blaukissen mögen kalkhaltige Erde.

Die anmutige Gänsekresse (Arabis) mit ihren dichten Blütenpolstern wird gern von Bienen besucht. Auf Trockenmauern ist sie genauso hübsch wie im Steingarten oder im Kübel.

Steine im Garten sind für viele Leute etwas Faszinierendes: eine Ahnung von den Naturgewalten und – in Verbindung mit Pflanzen – ein Gefühl unberührter Natur. Nun müssen Sie aber nicht unbedingt einen richtigen Steingarten anlegen. Manchmal entwickelt sich so ein Garten zwischen Steinen auch ganz von selbst, ohne jedes Zutun.

Das passiert überall dort, wo Pflaster an Grünflächen grenzen: am Rande von Terrassen, links und rechts der Gartenwege. Zuerst breiten sich die Pflanzen vom Rand her aus, hängen mit langen Trieben dekorativ über den Platten. Dann wachsen die ersten Gräser, die ersten Blumen in den Fugen und Ritzen. So ein Wildwuchs kann ausgesprochen zauberhaft aussehen.

Natürlich können Sie Pflasterpflanzen und Fugenfüller auch ganz gezielt aussetzen. Manchmal zum Beispiel gibt's auf Terrassen gebrochene Platten. Dann nehmen Sie eine Ecke heraus, und setzen Sie vielleicht einen gelbblühenden Frauenmantel oder ein paar duftende Hornveilchen in die Lücke. Bei Ziegelwegen können Sie hier und da einen Ziegel entfernen und durch Feldthymian oder Blaukissen ersetzen, die sich in den Fugen immer weiter ausbreiten.

Selbst in der kleinsten Ritze kann ein Scheinmohn wachsen oder sich Sternmoos wie ein grünes Polster ausdehnen. Bei solchen Fugenfüllern können Sie immer wieder neue Überraschungen erleben: geplant, wenn Sie Samen in die Spalten stecken, oder ganz spontan, weil die Vögel oder der Wind den Samen herbeigetragen und verteilt haben.

Die Alpenpflanze schlechthin ist der tiefblaue Enzian. Für den Garten gibt es eine ganze Reihe von Arten zu kaufen.

Steingärten ganz besonderer Art

Wer wenig Platz hat, der kann sich so eine Mini-Gebirgslandschaft sogar im Kübel anlegen. Am schönsten sieht ein alter Steintrog aus mit einem großen und mehreren kleinen Steinen. Ringsum könnten wasserblaue Glockenblumen wachsen, zartrosa Sonnenröschen, Tausendgüldenkraut und blutroter Storchschnabel. Auf jeden Fall sollten einige Pflanzen dabei sein, deren Triebe über den Trogrand hängen.

Noch kleiner, noch feiner ist ein be pflanzter Kalktuffstein. Ein wenig Erde in den Vertiefungen reicht aus für einen Hauswurz, der bald eine Rosette neben der anderen wachsen läßt, für eine Fetthenne mit ihren dicken Blättern oder den Steinbrech mit den feingezeichneten Blüten.

Blaue Himmelsleiter und Rotes Leinkraut sind auffallende Farbakzente in einem Schutt- oder Geröllbeet. So ein Beet wird mit einer Mischung aus Steinsplitt und Erde (10:1) abgedeckt.

Es müssen gar nicht immer die typischen Steingartengewächse sein, die zwischen Steinen gedeihen. Hier wurde Samen für eine Wildblumenwiese an den Rand eines Weges gestreut. Im Sommer haben die Blumen den Weg schon fast erobert. Solche Fugenfüller sind meist kurzlebig und sterben beim ersten Frost ab. Das hat Vorteile: Sie können immer andere aussäen.

Taubnesseln (Lamium) wachsen überall, wo es nicht zu trocken ist, selbst in der kleinsten Ritze. In milderen Gebieten bleiben die weißgrünen Blätter auch im Winter an der Pflanze.

Höhenunterschiede im Garten lassen sich leicht durch Trockenmauern überbrücken. In den Fugen zwischen den lose aufeinandergeschichteten Steinen gedeiht eine Fülle von Pflanzen. Wichtig für die meisten Mauerblümchen ist ein warmer, sonniger Platz.

Steingärten, die in die Höhe gehen

Haben Sie zufällig noch eine alte Ziegelmauer mit bröckelndem Mörtel im Garten? Dann kratzen Sie doch noch ein bißchen mehr heraus, füllen anschließend Erde in die Fugen und siedeln dort allerlei kleine Alpengewächse an.

Wer keine Mauer hat, kann eine bauen – am besten etwas schräg gegen einen Hang gelehnt. Aber auch frei im Gelände kann so eine Trockenmauer stehen: als Abschirmung eines Sitzplatzes oder als Windschutz fürs Gemüsebeet. Als freistehende Mauer empfiehlt sich eine doppelte mit einem Erdstreifen in der Mitte. Sie blüht besonders reichlich: weil die Pflanzen in den Fugen ihre Wurzeln bis in die mittlere Erdschicht schicken können, weil auch die Mauerkrone als breite und besonders geeignete Pflanzfläche zur Verfügung steht.

Wem das Sammeln einzelner Steine zu mühsam ist, der kann seine Pflanzmauer aus Betonfertigsteinen stapeln. Bei solchen halbrunden Steinen bleiben besonders große Pflanzlücken übrig, in denen sogar hängende Pelargonien gedeihen.

Zu den schönsten Mauerblümchen gehören der weithin duftende Polsterphlox und das strahlende Steinkraut. Beide bilden im Frühjahr dicke Blütenpolster. Phlox allerdings ist ein wenig regenempfindlich: Seine Blüten werden leicht fleckig.

Für den Mauerbau eignen sich Kalk- und Sandsteine, Schiefer und andere Natursteine mit möglichst glatten Flächen.

Nach jeder Steinlage folgt eine dünne Erdschicht, in die gepflanzt wird. Je nach der Zusammensetzung der Erde kann die Trockenmauer zum senkrechten Beet für Steingartenpflanzen werden, aber auch für bunte Sommerblumen, für Kräuter, Gräser oder Zwiebelpflanzen.

Wenn die Mauer sich erst einmal gesetzt hat, entwickelt sie bald ihr eigenes Pflanzenleben. Pflege ist kaum notwendig, und für die Vermehrung und Ausbreitung sorgen die meisten Pflanzen von allein. Schließlich wird das senkrechte Beet auch zum Lebensraum für allerlei Kleingetier. Mit ganz viel Glück können Sie vielleicht sogar eine Eidechse beim genüßlichen Sonnen beobachten.

Bis zu zwei Meter hoch wird die lichtgenügsame Silberkerze (Cimicifuga). Mit ihren schlanken, weißen Blütenrispen wirkt sie besonders dekorativ vor einem dunklen Hintergrund: vor Koniferen und anderen Immergrünen.

Pflanzen, die sogar im Schatten wachsen:

Asketen

Die Blüten der Prachtspiere (Astilbe), vor allem die purpurroten, besitzen eine ungeheure Leuchtkraft. Voraussetzung allerdings ist ein feuchter Standort. Die Vorliebe für nasse Füße teilt die Prachtspiere mit dem großblättrigen Schildblatt (Peltiphyllum) und den kleinen Sumpfprimeln.

Schattenseiten, im wahrsten Sinne des Wortes, gibt es in jedem Garten: Flächen vor hohen Mauern oder Hecken, Stellen unter dichtbelaubten Bäumen, schmale Streifen zwischen Haus und Grenze zum Nachbarn. Manchmal dringt für kurze Zeit die Sonne in solche Ecken; meist aber sind es einfach dunkle Winkel. Kahl aber brauchen sie deshalb nicht zu sein – allerdings bedarf es einer sorgfältigen Planung, um schattige Gartenecken zu verschönen.

Am besten machen Sie sich zuerst einen Schattenplan. Stellen Sie fest, welche Flächen den ganzen Tag über im Schatten liegen – dort gedeihen wirklich nur ganz lichtgenügsame Gewächse. Und markieren Sie sich, wo am Mittag und im Hochsommer, wenn die Sonne hoch steht, Licht hinfällt – dort können Sie auch solche Pflanzen setzen, deren Lichtbedarf mit „halbschattig“ angegeben wird. Denken Sie auch daran, daß ein noch kahler Laubbaum im zeitigen Frühjahr genug Licht durch die Äste läßt für allerlei Zwiebelblümchen.

Schließlich kommt es bei der Pflanzenauswahl darauf an, ob es sich um trockene oder feuchte Schattenflächen handelt. Problematisch sind die trokkenen – dort gedeihen wirklich nur Überlebenskünstler wie Hasenglöckchen, einige Wolfsmilch- und Storchschnabelarten und die zarte Akelei.

Grundsätzlich aber ist die Zahl der schattenverträglichen Blumen größer als viele Gartenbesitzer glauben. Zwar werden Sie in den dunklen Ecken nie ein leuchtendbuntes Sommerblumenbeet anlegen können. Wenn man von den Prachtspieren mit ihren kräftiggefärbten Blütenrispen einmal absieht, ist das Farbangebot der Schattenbewohner eher zart. Dafür aber haben viele von ihnen riesige, oft gemusterte Blätter, die dunkle Stellen aufhellen. Und manche bringen nicht nur schöne, sondern außerdem auch herrlich duftende Blüten hervor.

Der Fingerhut sieht am schönsten in großen, buntgemischten Gruppen aus: mit weißen, cremefarbenen, rosaroten und violetten Blütenrispen. Da er aber zu den Pflanzen gehört, die sich selbst aussäen, genügt es, wenn Sie mit einer kleineren Menge anfangen. Fingerhut wächst selbst unter Laubbäumen, wird dort aber nicht so hoch wie an halbschattigen Plätzen.

Die Sonnenseiten der Schattenecken

Wer Sonne in die Schattenecken zaubern will, der sollte Blumen in Pastelltönen oder Weiß pflanzen. Sie reflektieren selbst den kleinsten Sonnenstrahl, lassen das Dunkel leuchten. Den gleichen Effekt haben Pflanzen mit panaschierten, also mit zweifarbigen Blättern. Sind diese so groß wie etwa bei der Funkie, geben sie dem Garten gleichzeitig Tiefe und Struktur.

Bunte, niedrige Blumen wie Primeln und Storchschnabel könnten einen Weg ins Schattenreich säumen, Hasen- oder Maiglöckchen einen duftenden Blütenteppich unter einem Baum bilden. Zu Farnen und Gräsern passen die zarten Herbstanemonen, die schattenliebenden Glockenblumen und Iris-Arten. Ganz zauberhaft sieht das Tränende Herz aus, wenn es sich mit seinen Blütenrispen halb über einen Weg oder eine Rasenfläche neigt. Und mit zu den schönsten Schattengästen gehören wilde Alpenveilchen, duftende Nachtviolen und Goldnesseln mit ihrem silbriggefleckten Laub.

Wer einen dunklen Innenhof mit Pflasterflächen sein eigen nennt, der sollte zum Beispiel Lilien in Kübeln aufstellen. Sie brauchen relativ wenig Licht und verwandeln die Schattenplätze in blühende Duftoasen. Besonders dekorativ sieht so ein Kübelgarten aus, wenn er auf hellen Kiesflächen steht. Wobei der Kies seinerseits gleichzeitig wieder mithilft, das Licht zu reflektieren, die dunklen Stellen aufzuheitern.

Kaum verzichten können Sie im Schattengarten auf die Funkie, auch als Hosta bekannt. Dabei sind es weniger die weißen oder hellvioletten Blütenrispen, die aus der Pflanze einen „Hingucker" machen, sondern die riesigen, oft zweifarbigen Blattrosetten. Funkien mögen feuchte Böden.

Ein wochenlanges Frühlingsvergnügen verspricht die Mischung aus roten und hellgelben Tulpen. Solche kräftigen, muntermachenden Farben verbreiten auch an einem trüben Tag sonnige Stimmung.

Wie Rot und Gelb, Weiß und Blau die Gartenstimmung ständig ändern können

Farbenspiele

Von vornehmer Zurückhaltung ist die Kombination aus grauem Kreuzkraut und lila Lobelien. Beide gedeihen gut in der Sonne, aber auch an halbschattigen Plätzen.

Starker Kontrast mit nur einer Pflanze: Immer mehr Blumen werden mit zweifarbigen Blüten gezüchtet. Der passende Name für die rotweißgemusterte Kaktusdahlie: „Spaßvogel".

Wie ein Garten auf seinen Betrachter wirkt, welche Stimmung er erzeugt, das hängt vor allem von den Farben ab. Farbträger sind dabei natürlich vor allem die Blüten der Pflanzen, aber auch bunte Blätter, Früchte oder schöngemusterte Rinden. Grundsätzlich wird zwischen sanften, beruhigenden Farben wie Weiß, Creme und Pastelltönen und kräftigen, aktivierenden Tönen wie etwa Rot und Gelb unterschieden. Wahre Farborgien feiern Sie mit Pflanzen in kontrastierenden Blütenfarben: wenn Sie sonniges Gelb mit strahlendem Rot, reines Weiß mit dunklem Blau kombinieren.

Der Trend aber geht hin zum einfarbigen Garten, in dem sich nur Pflanzen einer oder zwei Farbgruppen finden. Das heißt nun nicht, daß Sie den ganzen Garten in Rosa oder Violett tauchen müssen. Beginnen Sie in einer Ecke, auf einem Beet, und testen Sie die Wirkung der Farben. Schon bald werden Sie feststellen, wieviel Spaß es macht, immer neue Kombinationen und immer neue Farbnuancen zu entdecken.

Für welche Farben Sie sich entscheiden, ist aber nicht nur eine Frage des persönlichen Geschmacks, sondern auch der Lichtmenge in Ihrem Garten. Kommt er in den Genuß intensiver Mittagssonne, wirken kräftige Farben gut. Pastelltöne dagegen sehen im sanften Morgen- oder Abendlicht sehr schön aus. Denken Sie auch an den Hintergrund: Vor einer roten Ziegelmauer beispielsweise geht jede rote Blume unter. Grüne Hecken dagegen oder weiße Zäune lassen ganz bestimmt alle Farben leuchten.

Als ob Sie im Garten das Licht angeknipst haben – so sieht eine Fläche mit weißen Blumen aus. Aus dem dichten Teppich der Schleifenblumen ragen einzelne Tulpen hoch; am Wegrand wurden zarte Veilchen gepflanzt.

Weiß wirkt elegant und edel

Zauberhaft schön kann ein Garten in Weiß sein. Eine richtige Farbe allerdings ist Weiß nicht, sondern, physikalisch betrachtet, die größtmögliche Helligkeit, die dann entsteht, wenn eine Oberfläche alle auftretenden Lichtstrahlen reflektiert. So verdeutlicht denn auch keine andere „Farbe" besser den Wechsel von Licht und Schatten im Laufe des Tages.

Besonders schön sind weiße Blüten in der Dämmerung. Während grüne Blätter, rote und blaue Blüten im Dunkel versinken, strahlen die weißen wie Lichtpunkte aus dem Nichts. In einem schattigen oder auch in einem sehr kleinen Garten können Sie nichts Besseres zur Aufhellung, zur Vergrößerung tun, als weißblühende Blumen zu pflanzen.

Weiß kann aber noch mehr als die Dunkelheit aufzuhellen und kleine Räume zu vergrößern. Es wirkt elegant und gleichzeitig friedlich. Es verbreitet im Sommer Kühle und Frische. Es verwischt Gegensätze, schafft statt dessen Übergänge. Wenn also in Ihrem Garten Pflanzen nebeneinanderstehen, deren Farben sich absolut nicht vertragen, können Sie weiße Blumen dazwischensetzen. Nicht zu vergessen: Weiß verstärkt jede andere Farbe.

Das Angebot an weißen Blumen ist riesig. Frühjahrs-, Sommer-, Herbstblü-

Im Frühling ist die Auswahl an weißen Blumen besonders groß. Hier haben sich zu den Tulpen Sternanemonen gesellt. Beide Zwiebelblumen mögen einen Platz im lichten Schatten und einen nicht zu feuchten Boden. Sie treiben in jedem Jahr wieder neu aus.

Den ganzen Sommer über, vom Juni bis zum August, ist das Berufkraut-Beet übersät mit hunderten von winzigen Strahlenblüten. So ein weißes Blumenmeer verbreitet bei Hitze Kühle und Frische.

her – unzählige der bekannten Gartenblumen haben auch eine weiße Sorte zu bieten. Außerdem sind unter den weißblühenden zahlreiche Duftpflanzen zu finden: Narzissen, Hyazinthen, Iris, Lilien, Glockenblumen und viele mehr.

Allerdings: Ein Garten Weiß in Weiß kann auch schnell langweilig wirken. Deshalb sollten Sie alle anderen Gestaltungsmöglichkeiten nutzen: Mischen Sie Pflanzen verschiedener Blütenformen und unterschiedlicher Höhen; beziehen Sie auch cremefarbene Blüten ein. Außerdem braucht ein weißer Garten einen Rahmen. Sehr geeignet ist auch ein grüner Hintergrund.

Zwar heißt es immer, daß der Rittersporn das blaueste Blau im Garten zusteuert – doch wie dieses Foto zeigt, gibt's Unterschiede: hellblaue und ultramarinblaue Blüten, solche in Enzianblau und Purpur, sogar in Rosa und Weiß.

Blau sorgt stets für Abstand

Blaue Blüten gibt es in vielen Variationen – und kein Blau gleicht dem anderen. Die Skala reicht vom Himmelblau eines Vergißmeinnichts über das Graublau einer Distel bis hin zu den kräftigen Tönen einer Primel oder eines Rittersporns. Und sie setzt sich weiter fort in den Blauviolett-Tönen einer Waldrebe, einer Aster, einer Vanilleblume. Je nach Nuance wirken die blauen Blüten kühl und edel oder auch sanft und romantisch.

Auf diese Nuancen kommt es auch bei Kombinationen mit anderen Blumenfarben an: Zu kühlen, fast violetten Blautönen passen Weiß und Weinrot; warme Blautöne kombiniert man besser mit hellem Gelb oder Orange.

Allerdings kann sich das Blau der Blüten im Laufe eines Tages mit dem zu- und abnehmenden Licht der Sonne verändern. Ein klares Blau des Nachmittags wird am frühen Abend oft zum tiefen Lila, um sich am nächsten Morgen wieder in ein strahlendes Himmelblau zu verwandeln. Neben der Sonne kann auch Feuchtigkeit Blautöne verändern.

Blau und Violett gehören zu den zurückhaltenden Farben, die sich vom Betrachter zu entfernen scheinen. Diese Wirkung können Sie sich in einem kleinen Garten, in einem kleinen Hof zunutze machen: Setzen Sie blaublühende Pflanzen an die hintere Grenze. So tritt diese optisch zurück; der Garten, der Hof wirken bestimmt größer.

Auch unter den Schwertlilien finden sich zahlreiche Variationen blauer Töne. Zu den frühblühenden, zartlila Hybriden paßt sehr gut die zierliche, dunkelviolett blühende Akelei.

Ein richtiges Schmuckstück für jeden blauen Garten ist der Scheinmohn (Meconopsis). Leider ist er in unseren Breiten nicht winterhart, er wird deshalb fast immer als zweijährige Pflanze gezogen. Bleibt der starke Frost im Winter aus, lebt er länger. Wichtig ist ein Platz im Halbschatten und ein leicht saurer Boden.

Eine schöne Gesellschaft aus Anemonen und winzigen, himmelblauen Traubenhyazinthen. Sind die Zwiebeln einmal in der Erde, bilden die Blumen viele Jahre den blauen Vordergrund im Staudenbeet – und breiten sich immer mehr aus.

Die verschiedensten Rottöne lassen sich oft ganz problemlos mischen, wenn Sie sich innerhalb einer Pflanzenfamilie bewegen – so wie hier rosa und purpurrote Astilben. Die gleiche Form der Blüten mildert mögliche Farbdifferenzen.

Rot wirkt immer anregend

Rot ist eine Farbe, mit der sich Begriffe wie Liebe und Lebensfreude, Leidenschaft und Bewegung, Feuer und Flamme verbinden. Im Garten lenkt sie die Blicke auf sich, rückt Dinge in den Vordergrund. Ideal also, um etwas langweilige Gartenecken, denen der letzte Pfiff fehlt, aufzumuntern. Am Ruheplatz allerdings, wo Sie Ihren Liegestuhl aufstellen, wäre das agressive Rot völlig fehl am Platz. Pflanzen Sie dort besser Blumen mit zartrosa Blüten – je heller das Rot ist, desto beruhigender wirkt es.

Von den blaßrosa Blüten eines Schmuckkörbchens über den knallroten Klatschmohn bis hin zum Purpurviolett von Lobelie und Levkoje reicht das rote Farbspektrum. Der Umgang, die Kombination verschiedener Pflanzen dieser Farbgruppe erfordert Fingerspitzengefühl – zu leicht beißen sich die verschiedenen Töne. In ein rotes Blumenbeet gehören deshalb auch grüne und graulaubige Pflanzen: das ist eine angenehme Kontrastmilderung.

Beginnen könnte das rote Gartenjahr im Frühjahr mit Kaiserkronen und Tulpen, gefolgt von Pfingstrosen und Mohn. Im Hochsommer leuchtet das Rot von Salbei und Löwenmäulchen, Nelken und Verbenen. Sanftere Herbsttöne bieten Astern und Chrysanthemen.

Komplettieren können Sie die Komposition in Rot mit entsprechenden Sträuchern und Bäumen: mit einem rotblättrigen Ahorn, einem Zierapfel, der zuerst rosa Blüten, dann rote Äpfel trägt, mit Eberesche und Essigbaum.

Rot mit Blaustich (wie bei dieser Phlox-Sorte) leuchtet schon von weitem und lenkt alle Blicke auf sich. Setzen Sie Blumen in solchen Farben neben Dinge in Ihren Garten, die Sie betonen, in den Vordergrund rücken wollen. Schon eine kleine Pflanzengruppe ist sehr wirkungsvoll.

Eine gehörige Portion Mut erfordert die Kombination der rotvioletten Verbenen mit den leuchtendroten Blüten des Bartfadens. Wer den Kontrast etwas abschwächen will, sollte für einen grünen Hintergrund sorgen oder graulaubige Pflanzen wie Kreuzkraut dazusetzen.

Am Teichufer drängen sich die zitronengelben Blüten des niedrigen Frauenmantels (Alchemilla) und die warmen Gelb-Orange-Töne der Taglilien (Hemerocallis) in den Vordergrund. Beide stehen zwar an Land, mögen aber leicht feuchte Füße.

Gelb vermittelt Heiterkeit

Wer einen heiteren, freundlichen Garten liebt, der kann auf gelbe und orangefarbene Blüten nicht verzichten. Selbst an einem trüben, verhangenen Tag scheint in einem solchen Garten die Sonne. Dunkle, triste Ecken werden mit gelben Blüten heller.

Gelb ist das genaue Gegenteil zum oft kühlen Blau: Es gehört zu den warmen Farben im Farbkreis. Machen Sie sich diese Wirkung zunutze, und pflanzen Sie vor allem solche Blumen, die ihren Blütehöhepunkt im Frühjahr oder im zeitigen Herbst haben. Denn wenn die Tage noch kühler sind oder schon wieder kälter werden, sorgen Gelb und Orange zumindest für optische Wärme.

Wie das leuchtende Rot, so drängt sich auch das Gelb in den Vordergrund. Das kann in Kombinationen mit anderen Pflanzen manchmal dazu führen, daß die schwächeren Farben völlig unterdrückt werden. Am besten kombinieren Sie also Gelb mit Gelb. Das ist kein Problem, da es sich hier um die häufigste Blütenfarbe im Garten handelt. Das Angebot ist überall im Fachhandel groß.

Durch die Strahlkraft wirken auch Entfernungen kürzer. Das heißt: Wenn eine gelbe Blütenpracht in einem kleinen Garten übertrieben wird, wirkt dieser noch kleiner als er tatsächlich ist. Wenn Sie nach einiger Zeit zum Meister der Farbkomposition geworden sind, dann versuchen Sie doch einmal, die Farbstimmung im Garten mit den Jahreszeiten zu ändern. Lassen Sie einem warmen, sonniggelben Frühling einen aufregenden roten Sommer folgen. Und beenden Sie das hoffentlich erinnernswerte Gartenjahr mit einem violettgrauen und orangebraungefärbten Herbstfeuerwerk.

Tagetes zu den Füßen, den Himmel über sich – so strecken sich die Stauden-Sonnenblumen der Sonne entgegen. Bis zu zwei Meter hoch können die Riesen werden. Ihre Blüten öffnen sich von August bis in den Oktober. Im Winter brauchen einige Arten einen leichten Frostschutz.

Noch einmal sonnengelbe Tagetes, auch als Studentenblumen bekannt – diesmal in Begleitung einer Garten-Euphorbie mit gelbgrünen Blüten. Besonders dekorativ wirken gelbe Blumen, wenn sie in ziemlich großen Gruppen aufmarschieren.

Statt strenger Ordnung lieber schönes Chaos

Natur pur

Die wichtigsten Elemente in einem Naturgarten sind Wasser und Wiese. Hier hat sich beides zusammengefunden. Klatschmohn und Margeriten wachsen bis ans Ufer des ehemaligen Mühlenteiches – besonders schön im frühen Sommer.

Selbst die kleinste wilde Ecke bringt Leben in den Garten: Vögel, Schmetterlinge und andere Insekten, allerlei Wasserbewohner. Und natürlich gehören auch die Spinnen dazu, die vor allem im späten Sommer ihre kunstvollen Netze in Bäume, Büsche und letzte leuchtende Blüten spannen.

Wer der Natur im Garten freien Lauf läßt, der schafft damit ein Refugium für Insekten, Vögel und Kriechtiere, gibt ihnen ein Stückchen von dem Lebensraum zurück, der ihnen vom Menschen immer mehr genommen wird.

Ein Naturgarten gedeiht sozusagen aus eigener Kraft. Natürlich muß er am Anfang einmal bepflanzt werden. Danach aber sollen sich die Gewächse von selbst weiterentwickeln und vermehren. Kurzlebige Sommerblumen haben hier nichts zu suchen – es sei denn solche wie Flockenblumen, Fingerhut und Ringelblume: Die säen sich selbst aus.

Ganz sich selbst überlassen aber sollten Sie die Natur nicht. Sonst wird aus einem wilden Garten leicht ein verwahrloster. Eine ordnende Hand von Zeit zu Zeit ist erforderlich, damit sich stark wuchernde Pflanzen nicht ungehemmt ausbreiten und kleinere unterdrücken.

Ganz konsequente Naturgärtner lehnen jede „Kulturpflanze“ – Tulpen genauso wie Rosen und Waldreben – im Garten ab. Die meisten aber gehen Kompromisse ein, mischen Wildstauden mit etwas nobleren Verwandten.

Wie kommt denn bloß die Blumenwiese auf die Mauer? Das kann wohl keiner genau erklären. – In den Fugen blühen Mohn, Margeriten, Löwenzahn, Kamille, Gras und weiße Winden.

Nicht klauen – kaufen!

Viel Aufwand braucht es nicht, um ein bißchen Natur in den Garten zu holen. Legen Sie sich zum Beispiel eine kleine Öko-Ecke an, ein Reservat für Schmetterlinge. Das heißt: vor allem für deren Raupen. Gänsekresse und Wiesenschaumkraut könnten dort wachsen, für die Raupen des Aurorafalters; Brennesseln für Admiral und Tagpfauenauge und natürlich Disteln für den Distelfalter. Auch die verschiedenen Arten der Fetthenne sind Raupennahrung.

Wildstauden für die Blumenbeete können Sie in Spezialgärtnereien kaufen. Auf keinen Fall dürfen Sie die Natur plündern. Was Sie dürfen: Beim Spaziergang hier und da ein paar Samenstände pflücken und zu Hause aussäen. Zu den schönsten Wildstauden, die auch jedem „gezähmten" Garten gut stehen, gehören die Kugeldistel mit ihren stahlblauen Igelköpfen, das Salomonssiegel mit den leuchtendroten Früchten, die langblühenden Storchschnabelarten, die duftende Katzenminze.

Zu kaufen gibt es auch fertige Saatmischungen für Wildblumenwiesen – fast ein Muß im Naturgarten. So eine Wiese braucht nicht groß zu sein; schon eine Insel im Rasen bietet allerlei Kleingetier Unterschlupf. Nicht vergessen sollten Sie einen Teich mit flach auslaufenden Ufern, die eine abwechslungsreiche Randbepflanzung ermöglichen.

Wer Platz genug hat, der sollte in einer stillen Ecke auch ein paar alte Holzstubben oder Äste liegenlassen, als Igel- und Käferquartier. Und lassen Sie das Ganze überwuchern von blühenden Kletter- und Rankpflanzen.

Wildromantisch ist die Gartenecke am Ende des Gartens. Benutzt wird das alte Eisentor nicht mehr – jetzt ist es schöne Dekoration für die Herkulesstauden, die sich links und rechts angesiedelt haben, und für die weiße Heckenrose. Damit die Herkulesstauden sich nicht übermäßig ausbreiten, kappt man die Samenstände.

Wie ein gigantischer Rhabarber sieht das Mammutblatt (Gunnera) aus: Drei bis vier Meter wird die Pflanze hoch; die Blätter erreichen Durchmesser bis zu zwei Metern. Die Blütenkolben sitzen dicht über der Erde.

Warum immer Pflanzengruppen?

Solisten

Bunte Blumenbeete im Garten sind eine Pracht. Zwischendurch aber braucht das Auge auch etwas, wo es verweilen, sich ausruhen, aber auch ein wenig staunen kann: Blickfänge, Blickpunkte. Das kann ein Brunnen, eine Statue, eine Sitzbank sein. Im Blumengarten allerdings sollten natürlich Pflanzen einen blühenden Mittelpunkt darstellen.

Vor allem in kleinen Gärten bieten sich solche Pflanzen als Gestaltungselement an, die auch für sich allein wirken. Der Botaniker nennt sie „Solitäre". Richtige Pflanzenpersönlichkeiten sind es, die sich durch prachtvolle Blüten und Blätter, durch eine außergewöhnliche Wuchsform, immer aber durch ihre Größe von ihren Nachbarn abheben. Sie sorgen dadurch für farbliche und räumliche Effekte.

Plätze für Solisten finden sich viele. Aber stets sollten sie so beschaffen sein, daß der Charakter der Pflanze zusätzlich betont wird. Setzen Sie zum Beispiel mannshohe Stockrosen oder Sonnenblumen links und rechts neben die Haustür. Pflanzen Sie einen Rizinus mit seinen prächtigroten Blättern und den flauschigen Blütenähren ans Ende einer Gartentreppe. Machen Sie ein Mammutblatt zum Blickpunkt am Teich.

In flächigen Gartenpartien, im Blumenbeet, im Stein- oder Heidegarten, können Solitärpflanzen eine Höhenabstufung schaffen – wobei es ruhig auch zwei oder drei Solitäre sein können, die zusammenstehen. Ebenfalls eine gute Möglichkeit für die Solisten, vor allem für die kurzlebigen, ist ein Platz in einem Blumenkübel.

Natürlich müssen Sie die Verhältnisse in Ihrem Garten berücksichtigen, müssen für jede Pflanze den Platz mit dem richtigen Licht und dem passenden Boden finden. Sonst kann es Ihnen passieren, daß die Riesen Zwerge bleiben.

Unübersehbar ist auch die Ligularie. Rank und schlank reckt sie sich fast zwei Meter in die Höhe, hat große, dunkle, nierenförmige Blätter und im Hochsommer kräftiggelbe Blütenkerzen. Damit sie sich optimal entwickelt, braucht sie viel Sonne und einen leicht sauren, feuchten Boden. Besonders dekorativ wirken Ligularien am Rande von Wasserflächen oder, zu zweit oder dritt, im Rasen. Nach einigen Jahren kann man sie teilen.

Die Herkulesstaude, auch Bärenklau genannt, ist ein wenig in Verruf geraten: weil sie sich fast unkontrolliert ausbreitet. Das läßt sich aber verhindern, wenn Sie die Blütenstände vor der Samenbildung abschneiden. Aber Vorsicht: Der Saft verursacht Hautreizungen.

Blickpunkte: einer schöner als der andere

Vor allem unter den Stauden findet sich eine ganze Reihe von Pflanzen, die für eine Solostellung geradezu prädestiniert sind. Einen wahrhaft königlichen Wuchs besitzt der Medizinalrhabarber, ein blumiger Verwandter des bekannten Gemüserhabarbers. Bis zu einem Meter groß werden die tief eingeschnittenen Blätter, bis zu zwei Meter hoch ragen die rostroten Blütenstände in die Luft. Nicht ganz so majestätisch wirkt die Rodgersie, das Schaublatt. Ihre gefiederten Blätter ähneln denen der Kastanie; die filigranen Blütenstände sind weiß oder cremefarben. Beide, sowohl der Rhabarber als auch die Rodgersie, stehen gerne etwas feucht.

Zu den ranken Riesen gehören der Geißbart, dessen weiße Blütenrispen auch zauberhaft in der Vase aussehen, die Steppenkerze mit den bis zu 60 cm langen Blütenständen, die Ligularie, der kräftigwachsende Federmohn, die zweijährige, goldgelbe Königskerze.

In nur einer Saison schafft es der Wunderbaum oder Rizinus, aus einem Sämling zum drei Meter hohen Riesen heranzuwachsen. Im August/September bekommt er rote Blütenstände. Nach dem ersten starken Frost, meist Anfang November, stirbt er ab.

Wer sich solche Riesen in den Garten holen will, sollte seine Wahl möglichst nicht nur anhand von Fotos treffen. Besser versuchen Sie, sich die Pflanzen irgendwo in natura anzuschauen, vielleicht im Botanischen Garten. Und das möglichst im Hochsommer, wenn sie sich in ganzer Größe und voller Blüte zeigen. Erst dann bekommen Sie den richtigen Größeneindruck.

Solisten zu bekommen ist kein großes Problem. Die meisten gehören zu den durchaus gängigen Pflanzen, die im Frühjahr oder im Herbst, zur Pflanzzeit also, in jeder größeren Gärtnerei verkauft werden.

Die kurzlebigen aber wie die einjährigen Sonnenblumen, den Rizinus, die Herkulesstaude und die Königskerze können Sie auch problemlos aus Samen selbst anziehen. Und dabei erleben, welch ein rasantes Wachstum diese Pflanzen vorlegen. Aber: Säen Sie sparsam; die Pflanzen brauchen später Platz.

Wie leuchtende Fackeln sehen die orangegelben Blütenstände der Fackel- oder Traubenlilie (Kniphofia) aus. Mit ihren schilfartigen blaugrünen Blättern paßt sie vom Aussehen her ideal an den Rand von Teichen und Bächen. Sie ist ein wenig frostempfindlich; im Winter sollte sie mit einer dicken Lage Laub, Schilf oder Stroh gut abgedeckt werden.

Das schöne Drumherum an einem Teich

Nasse Füße

Leicht erhöht am Ufer, dort, wo Wasser schnell wieder abfließt, fühlen sich Rittersporn, Taglilien und andere Sommerblumen wohl. Mitten im Staudenbeet steht, als zauberhafter Blickpunkt, ein Taubenhaus. Solche alten Prachtstücke findet man mit viel Glück noch auf Flohmärkten.

Am Ufer oder auf einem ausreichend feuchten Blumenbeet, fühlt sich der Frauenmantel (Alchemilla) besonders wohl. Im Frühsommer, im Juni, bekommt er leuchtendgelbe, überhängende Blütenstände.

Wer sich im Garten einen ganz natürlich wirkenden Teich anlegen will, der muß nicht nur die Wasserpflanzen mit Bedacht auswählen, sondern auch an das schöne Drumherum, an die Uferzonen, denken. Denn was wäre ein Teich ohne Rand, ohne all die farbenprächtigen Blüten, die sich im Wasser spiegeln, ohne das üppige Grün?

Je geschwungener, je länger die Uferlinie eines Teiches ist, desto abwechslungsreicher läßt sie sich gestalten. Eine Augenweide sind all die Blütenstauden, die nasse Füße schätzen. Denken Sie aber auch an Frösche, Kröten, Molche und andere Teichbewohner. Plazieren Sie zwischen die Blumen hier einen Haufen Steine, dort einen modernden Baumstamm als Sonnenplätzchen; schichten Sie an anderer Stelle einen Haufen Reisig oder einige Grassoden als Winterquartier auf. Beides kann von Blütenstauden überwachsen sein.

Denken Sie aber immer daran, daß von einer Stelle aus auch noch freie Sicht aufs Wasser möglich sein sollte. Planen Sie an solchen Blick-Punkten nur niedrige Uferpflanzen oder gleich einen Streifen aus Kies und Steinen ein.

Sonderfälle unter den Uferpflanzen sind solche, die am Rande von Fertigbecken wachsen. Denn dort gibt es keine Sumpfzone, sondern meist einen ganz normalen Gartenboden. Es kommt also nur darauf an, solche Pflanzen auszusuchen, die vom Habitus her zu den Wasserpflanzen passen. Das können Fackellilien, Taglilien und Iris sein, aber auch Felberich, Frauenmantel, Funkien oder die riesige Herkulesstaude.

Vom Sitzplatz am Ufer aus geht der Blick über das niedrige, blaublühende Hechtkraut über die Wasserfläche. Links wächst der hohe Blutweiderich, rechts blühen Blumenbinsen.

Vom Wasser in den Garten

Die wichtigste Aufgabe der Randbepflanzung ist es, den Teich harmonisch in den Garten einzugliedern, einen sanften Übergang zu schaffen. Das Ufer fängt schon im Wasser an und setzt sich auf dem Trockenen fort: Die Pflanzen passen sich diesem nahtlosen Übergang an. Am interessantesten wirken die Uferzonen, wenn sie abwechslungsreich gestaltet sind, wenn sich niedrige Pflanzen mit hohen oder straff aufrechtwachsende mit breit ausladenden abwechseln.

Viele Uferpflanzen haben große, auffällig geformte oder gemusterte Blätter und exotische Blüten: zum Beispiel die Scheinkalla, die Riesenlilie und natürlich auch die Funkie. Sie wirken schon allein oder zu zweit.

In Gruppen zusammensetzen sollten Sie die niedrigen, kleinblättrigen Pflanzen wie Sumpfdotterblume, Bachnelkenwurz, Gauklerblume. Ihr Vorteil: Sie wachsen besonders schnell und breiten sich recht rasch aus.

Aber auch jede Menge Blumenzwiebeln können Sie rings um den Teich in die Erde stecken. Märzbecher und Blaustern, Puschkinie und Schneestolz blühen schon, wenn sich im Wasser noch kein Leben zeigt. Im Sumpf allerdings wachsen sie nicht; sie lieben einen zwar feuchten, aber nicht nassen Boden.

Aber auch „teichlose“ Gartenbesitzer brauchen auf die schönen Sumpfpflanzen nicht zu verzichten. Entweder kommen sie in einen Kübel und werden stets reichlich gegossen. Oder sie stehen in einem Sumpfbeet, das mit einer gelochten Folie und darüber einer Kiesschicht als Drainage ausgelegt wird.

Zu den schönsten Uferpflanzen gehört die Sumpfiris. Wo sie sich frei entfalten kann, bedeckt sie bald große Flächen. Sie wächst auch im Halbschatten, blüht aber in der Sonne besonders reichlich.

Schon zeitig im Frühjahr, wenn der Gartenteich noch recht kahl ist, blühen Sumpfdotterblumen. Am schönsten sehen die niedrigen Pflanzen in großen Gruppen gepflanzt aus.

Blüten nach unten, Blätter nach oben – bei der Kaiserkrone ist alles etwas anders als normal. Gelborange sind die lange haltbaren Blüten, die in etwa einem Meter Höhe sitzen. Kaiserkronen brauchen etwas Winterschutz.

Ausgefallene Farben,
ausgefallene Formen

Pflanzen-Design

Pflanzen gibt's, die sehen aus, als hätte sich jemand am Entwurf einer neuen Kollektion versucht. Bei einigen ist es die Wuchsform, die ins Auge fällt: Riesen, die bis an die Dachrinne reichen oder Blätter von Quadratmetergröße haben. Bei den meisten sind es die Blüten, die sich in ausgefallenen Farben und Formen zeigen. Manche sehen aus wie mit einem zarten Tuschpinsel gezeichnet, andere scheinen vom Reißbrett zu stammen. Einige glänzen in Farbmischungen oder fast schon metallischem Glanz, wie man es eigentlich in der Natur nicht kennt. Und schließlich gibt's auch solche wie die Kaiserkrone, bei der die Blätter über der Blüte sitzen.

Die meisten dieser extravaganten Kreationen prunken am liebsten als Einzelgänger. Zwei, drei Nachbarn gleicher Art dulden sie noch eben neben sich. In größeren Gruppen aber geht die Wirkung leicht verloren. Setzen Sie solche auffallenden Blütenpflanzen so, daß sie vor einem glatten, grünen Hintergrund stehen. Das kann ein Rasen sein, aber auch eine Gruppe von Sträuchern oder eine Hecke. Das ist sehr wirkungsvoll.

Wie Metall glänzen die riesigen, lila Blütenkugeln des Sternkugellauchs (Allium). Bis zu 20 cm Durchmesser hat die Blütenkugel. Nach der Blüte im Juni/Juli welken die Blätter. Dann können Sie die Zwiebeln aus der Erde nehmen und im Oktober/November neu einsetzen. Wichtig ist ein trockener und sonniger Platz.

Helle und dunkle Felder, weiß, rot und purpurfarben, gleichmäßig verteilt wie auf einem Schachbrett – das sind die Blütenglocken der Schachbrettblume (Fritillaria meleagris). In manchen Gegenden Deutschlands wird sie auch „Kiebitzei“ genannt. Am besten gedeiht sie auf einem leicht feuchten Boden, nahe am Teich.

Skulpturen der Natur

Zu den formschönen Pflanzen gehört der Akanthus. Seine tiefgeschlitzten Blätter waren früher ein gern genutztes Dekorationselement in der Architektur. Sie finden sich zum Beispiel auf den Korinthischen Säulen. Ausdrucksvolle Blätter besitzt auch die Rodgersie, eine langsamwachsende Staude, die fast wie ein Strauch aussieht. Beide, Rodgersie als auch Akanthus, bekommen im Hochsommer große Blütenrispen.

Zu den auffallenden Gestalten im Blumenbeet zählen auch die mannshohe Edeldistel mit agavenähnlichen Blättern und graurosa Blütenhäuptern, die Königskerze mit ihrem wolligen Laub und der silberblaue Federmohn, eine ebenfalls dekorative Pflanze.

Ein kurioses Gewächs, das sich gut als Randbepflanzung von Teichen eignet, ist das Schildblatt: Zuerst erscheinen im April/Mai lilarosa Einzelblüten auf langen Stielen, erst danach wachsen die schildförmigen Blätter.

Eigentlich sollte die Tigerblume (Tigridia) Dreiecksblume heißen, so gleichmäßig sind ihre Blüten geformt: ein geflecktes Dreieck in der Mitte, als Blütenschlund, und ringsum angesetzt drei große, waagerecht abstehende Blütenblätter. Leider hält jede Blüte nur einen Tag.

Eine ungeheure Auswahl hat, wer sich mit den verschiedenen Blütenformen beschäftigt. Da gibt es langgezogene Trompeten wie bei den Lilien, tief herunterhängende Blütenstände wie beim Fuchsschwanz, hahnenkamm- oder federbuschartige Plüschblüten wie bei den Celosien, mächtige Blütenbälle wie bei Pfingstrosen. Und selbst so schlichte Blumen wie das altbekannte Löwenmäulchen bilden ganz sorgfältig konstruierte Rachenblüten, ähnlich wie das Leinkraut, eine sehr schöne Sommerblume. Besonders schön gezeichnete Blüten finden sich bei einigen Fingerhut-Arten, bei Atlasblumen und manchen Stockrosen. Dekorativ sind auch die zweifarbigen Akeleien und Fuchsien.

Blumen in auffallenden Farben und Formen gehören an solche Stellen des Gartens, die Sie tagtäglich im Auge haben: an den Rand der Terrasse, als Blüteninsel auf den Rasen, in die Nähe eines Weges – oder auch in den Vorgarten.

Als Experimentierfeld sind Kübel ideal – warum sollten Sie nicht einmal Stiefmütterchen mit Kohl kombinieren, einem Hochstämmchen kurzlebige Sommerblumen zu Füßen pflanzen?

Pflanzen in Gefäßen
verwandeln graue Ecken in grüne Oasen

Kübelweise

Wenn der Fingerhut im August verblüht, macht der Ziertabak noch viele Wochen lang Freude. Bis zum Oktober halten die weißen oder roten Blüten, die vor allem am Abend zart duften. Ziertabak (Nicotiana) gehört zu den einjährigen Pflanzen, muß in jedem Frühjahr neu ausgesät werden. Ab Mitte Mai kann er in den Garten.

Kübelpflanzen im Blumengarten, das ist so, als ob man Eulen nach Athen trägt – behaupten zumindest einige Leute. Bei den meisten Gartenbesitzern aber stehen Pflanzen in Gefäßen hoch im Kurs. Schließlich gibt es keine schnellere Möglichkeit, einem Garten eine besondere Note, das gewisse Etwas zu verleihen. Kübel und Töpfe lassen sich nach Lust und Laune aufstellen, umstellen, variieren.

Graue Ecken können Sie damit in grüne und blühende Oasen verwandeln, häßliche Mauern hinter hohen Pflanzen verstecken, Hauseingänge und Garagenzufahrten verschönen. Mehrere Kübel nebeneinander lassen sich als Raumtrenner einsetzen; ein einzelner kann Blickpunkt im Garten, auf der Terrasse sein. In einem grünen Garten setzen blühende Kübelpflanzen farbige Akzente, sorgen für südländisches Flair.

Und schließlich erweitert die Kultur in Kübeln das Blumensortiment beträchtlich. So können Sie auch Pflanzen ziehen, denen Ihr Gartenboden vielleicht zu feucht oder zu trocken, zu sandig oder zu sauer ist. In einem Gefäß läßt sich problemlos die ideale Erdmischung zusammenstellen; die richtige Versorgung mit Wasser und Dünger garantiert ein üppiges Wachstum.

Nicht zu vergessen die frostempfindlichen Gewächse: Im Kübel kommen sie erst nach draußen, wenn es wärmer wird. Vor dem Winter geht's zurück ins Haus.

Blickpunkt in jedem Garten: eine klassische Vase mit der passenden Säule. Wie dafür gemacht ist die Topfhortensie mit ihren dicken Blütenbällen.

An einen fürstlichen Park erinnert eine Allee von Kübelpflanzen – vor allem dann, wenn alle Kübel gleich bepflanzt sind. Solche schönen Terrakotta-Töpfe werden meist aus Italien importiert – leider sind sie nicht ganz billig.

Eine Sammlung verschiedener Tonkübel trennt die Terrasse vom Rasen. Darin gedeihen die „Schöne von Nizza“, eine gelbe Strauchmargerite, Oleander, Drachenbaum, Pelargonien, Fleißige Lieschen.

Jede Pflanze kann im Kübel wachsen

Zu den klassischen Kübelpflanzen gehören die duftende Engelstrompete, der sonnenhungrige Oleander, der immergrüne Lorbeer genauso wie Palmen, Zitrusgewächse und eine Reihe weiterer Südländer. Fast alle brauchen einen hellen, aber kühlen Winterplatz im Haus.

Im Prinzip aber können Sie jede Blume in Gefäße setzen: die ersten Zwiebelpflanzen im Frühjahr (vielleicht auch schon im Herbst die Zwiebeln in die Töpfe stecken), danach bunte Sommerblumen und leuchtende Herbstblüher. Die Hochstämmchen sehen besonders hübsch mit „Untermietern“ aus: mit schnellwüchsigen, kleinblättrigen Sommerblumen, die über den Rand des Kübels hängen. Ist der Kübel groß genug, setzen Sie ganze Pflanzengruppen hinein. Sie müssen nur darauf achten, daß alle gleiche Wünsche an Standort und Pflege haben.

Eine auffallende Pflanze wie etwa eine Schmucklilie oder eine Bougainvillea ist ein dekoratives Einzelstück. Meist aber sieht es schöner aus, wenn mehrere Kübel zusammenstehen. Achten Sie bei Gruppen darauf, daß die einzelnen Pflanzen möglichst unterschiedliche Höhen haben.

Fuchsiengarten in Tontöpfen – den Hochstämmchen wurden buschigwachsende Arten zu Füßen gesetzt. Fuchsien sind relativ pflegeleicht, da sie notfalls dunkel überwintern können.

Kein richtiger Kübel, sondern eher eine Pflanzwanne, die mit alten Kacheln verkleidet wurde – darin stehen Töpfe mit rosaroten Pelargonien. Im Herbst wandern Pflanzen, aber auch Gefäße in den Keller; bei starkem Frost könnten die Kacheln springen. Auch Terrakottatöpfe, schöne Kruken und ähnliche Gefäße überwintern drinnen.

Zweijährige Blumen wie Vergißmeinnicht sieht man selten im Kübel: weil sie schon im Sommer fürs nächste Jahr ausgesät werden, das Gefäß dann aber lange, bis zur Blütezeit, langweilig aussieht.

Die Auswahl an Gefäßen ist riesig

Als Blumenkübel geeignet ist alles, was Ihnen gefällt (und was die Erde halten kann): für Pflanzen Gedachtes genauso wie Zweckentfremdetes. Zu den Kostbarkeiten gehören italienische Terrakottatöpfe mit Schmuckgirlanden, asiatisch bemalte Krüge, klassische Steinvasen mit Sockel. Mit etwas Glück finden Sie auf Flohmärkten alte Kruken und Steinkrüge. Gemütlich sehen halbierte Weinfässer und mit Folie ausgelegte größere Körbe aus. Sehr elegant wirken die sogenannten Versailler Blumenkübel: weißlackierte Holzübertöpfe. Aber auch ausrangierte Blecheimer, die bunt lackiert werden, geben – mit Sommerblumen bepflanzt – ein schönes Bild.

Wenn Kübel gelegentlich anders plaziert werden müssen, sollten Sie kleine Laufrollen anbringen oder sie auf Rollbretter stellen. Wenn Sie häufig verreisen, empfehlen sich Pflanzgefäße mit Wasserreservoir. Bei großen Pflanzen reicht der Vorrat aber nur wenige Tage.

Von nichts kommt nichts: Ein schöner Blumengarten will nicht nur gut geplant, sondern anschließend auch richtig angelegt werden. Perfekt aber wird er erst dann, wenn auch das Drumherum stimmt. Was unbedingt dazugehört, sind schöne Tongefäße für schöne Kübelpflanzen — so wie diese.

Wie aus einem Stück Land ein Blumengarten wird

Handarbeit

Unter den Zwiebelblumen finden sich viele Frühlingsblüher wie Krokusse und Schneestolz.

Orangefarbene Inkalilien und blaue Salvien gehören zu den Stauden; sie blühen im Sommer.

Ein bißchen Botanik aus dem Blumengarten

Im Blumengarten haben Sie es mit kurz- und langlebigen Pflanzen zu tun. Zu den kurzlebigen gehören einjährige Blumen wie Kapuzinerkresse und Ringelblumen. Sie werden im Frühjahr ausgesät, wachsen und blühen den Sommer über und sterben im Herbst ab. Manche, wie Begonien, sind frostempfindlich. Sie müssen im Zimmer vorgezogen werden. Etwas langlebiger sind zweijährige Blumen wie Goldlack und Vergißmeinnicht. Ihre Samen kommen im Sommer in die Erde; die Pflanzen leben bis zum Spätherbst des folgenden Jahres. Viele kurzlebige Blumen vermehren sich von allein durch Aussaat.

Als langlebig, als ausdauernd, werden Stauden bezeichnet. Allerdings gibt es hier Unterschiede, was die Lebensdauer angeht: Pfingstrosen etwa werden uralt, während zum Beispiel Glockenblumen oft nach einigen Jahren verschwunden sind. Alle oberirdischen Teile der Stauden sterben im Spätherbst ab. Nur die Wurzeln überwintern. Im Frühling treiben sie wieder neu aus.

Eine Besonderheit sind die Zwiebel- und Knollenpflanzen. Sie sind durchweg langlebig – aber nicht alle sind winterhart. So müssen die Knollen von Dahlien, Gladiolen und einigen anderen im Haus überwintern.

Vom Aufbau einer Blüte

Obwohl Blumen ganz unterschiedlich aussehen, sind sie doch im Prinzip alle gleich gebaut. Was dem Auge auffällt, sind Kelch- und Kronblätter der Blüte. Wichtiger aber, weil sie für die Fortpflanzung sorgen, sind die anderen Bestandteile einer Blüte wie Fruchtknoten, Staubbeutel, Samenanlagen. Die Anordnung der einzelnen Blütenteile ist bei allen Blüten ähnlich: Die Blätter sitzen, meist in Rosettenform, ringsum, die Geschlechtsorgane in der Mitte.

Manche Blüten besitzen mänliche und weibliche Organe; andere sind eingeschlechtig. Dann gibt es wiederum Pflanzen, die Blüten beider Arten besitzen. Und schließlich existieren Gewächse, die einen Partner, eine zweite Pflanze, zur Befruchtung brauchen.

Eine Blüte besteht vor allem aus Kron- (1) und Kelchblatt (2), Staubbeutel (3) und Griffel (4).

Zu jeder Jahreszeit etwas Blühendes

Einen Blumengarten sollten Sie so anlegen, daß zu jeder Jahreszeit etwas Blühendes zu sehen ist. Am schönsten wirkt es, wenn Sie sich richtige „Räume“ einrichten: eine Frühlingsecke mit Zwiebelblumen, eine Sommerecke mit einem leuchtendbunten Blumenbeet, eine Herbstecke mit Dahlien, Chrysanthemen, Erika und – möglichst dicht am Haus - einige Winterblüher wie Christrosen und Schneeglöckchen. So wird ein Spaziergang durch den Garten das ganze Jahr hindurch zu einem blühenden Erlebnis.

So könnte eine Frühlingsecke im Garten aussehen: mit hohen Tulpen und niedrigen Traubenhyazinthen, Vergißmeinnicht und Tränendem Herz.

Blumenbeete wollen geplant sein

Damit ein Blumenbeet wirklich gut aussieht, dürfen Sie nicht einfach Pflanze neben Pflanze setzen, sondern sollten einige Grundsätze der Gestaltung beachten.

Zunächst einmal kommt es auf die Maße an. Die Länge des Beetes ist Geschmackssache – und natürlich vom Grundstück abhängig. Die Breite aber sollte mindestens zwei Meter von der vorderen bis zur hinteren Kante betragen. Dieses Ausmaß brauchen Sie, um die Pflanzen in Höhenabstufungen hintereinander zu setzen. Und gerade diese unterschiedlichen Höhen sind entscheidend für das gute Aussehen, für die Fernwirkung eines Beetes. Natürlich kommen die höchsten Pflanzen nach hinten. Halbhohe werden in die Mitte gesetzt. Niedrige Blumen bilden den Abschluß an der vorderen Kante.

Fast genauso wichtig wie der Aufbau des Beetes selbst ist der Hintergrund, der schöne Rahmen. Ein Blumenbeet mitten in einem Rasen, das keinerlei Bezug zum restlichen Garten hat, wirkt langweilig. Schöner sieht es vor einer Hecke oder einer Mauer aus. Aber auch Bäume oder grüne Sträucher können den Hintergrund fürs Beet bilden.

Nur die wenigsten Blumen sind Einzelgänger. Die meisten wirken am besten in Gruppen. Wie groß so eine Gruppe ist, hängt von der Höhe der Pflanze ab. Bei hohen, wie zum Beispiel Rittersporn und Lupinen, reichen vier bis fünf Pflanzen. Je kleiner die Blumen sind, desto mehr sollten eine Gruppe bilden. Bei niedrigen Polsterstauden können es durchaus zwanzig Stück sein.

Wenn Sie Blumen verschiedener Blütezeiten miteinander kombinieren, sollten die frühblühenden auf dem Beet etwas weiter hinten stehen. Setzen Sie langsamwachsende spätblühende davor, die die frühen, wenn sie unansehnlich werden, verdecken.

Eine Blumenrabatte für halbschattige Plätze: mit niedrigem Storchschnabel (1) und Bergenien (2), mit halbhohen Schwertlilien (3), mit hohem Rittersporn (4) und mit Ziergräsern (5).

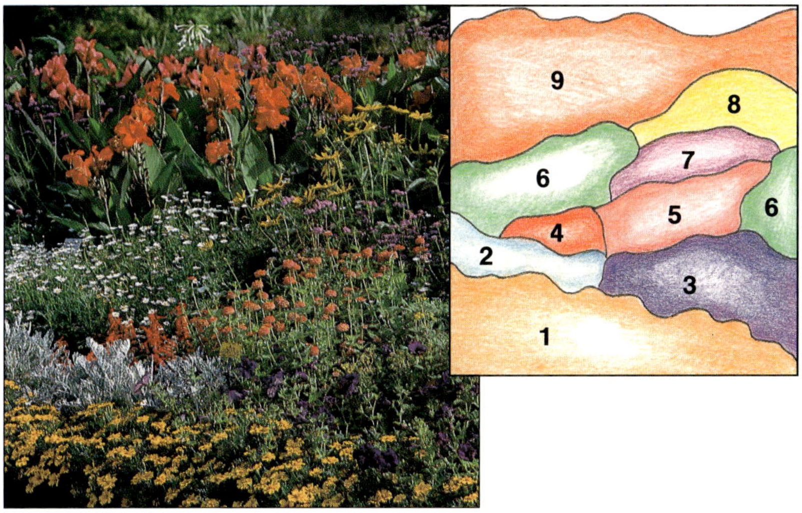

Ein spätsommerliches Blumenbeet für Sonnenlagen: mit Studentenblumen (1) und silbergrauem Kreuzkraut (2), mit Petunien (3), Salbei (4) und Zinnien (5). Dahinter wachsen hohe Margeriten (6), Verbenen (7) und Sonnenhut (8). Den Abschluß bildet Blumenrohr (9).

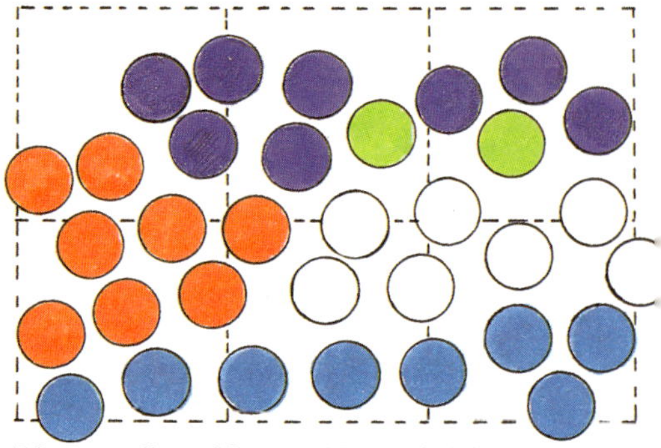

Die roten Spornblumen, blauen Salvien und weißen Lichtnelken werden etwa 50 bis 60 cm hoch, sie gehören zu den mittelhohen Pflanzen. Bei ihnen rechnet man pro Quadratmeter (das enspricht einem Feld in der Zeichnung) mit fünf bis sechs Pflanzen. So ein Blumenbeet sollte an einem sonnigen, trockenen Platz liegen.

Pflanzen brauchen unbedingt Platz zum Wachsen

Exakte Pflanzabstände für Blumen lassen sich nur schlecht berechnen, denn einige, wie üppige Pfingstrosen, können einen Durchmesser von fast einem Meter erreichen, während andere nur wenige Zentimeter brauchen. Gehen Sie von folgenden Durchschnittszahlen aus: pro Quadratmeter Bodenfläche etwa drei hohe Stauden setzen oder fünf halbhohe oder acht niedrige oder zwölf bis fünfzehn Bodendecker. Lassen Sie sich vor allem bei Stauden nicht verleiten, die Pflanzen zu dicht zu setzen.Sie breiten sich noch aus. Von hohen Mauern sollten Sie etwas Abstand halten, damit Luft zirkuliert.

Eine solche Blumenwiese können Sie säen oder anpflanzen. Hier wachsen Bartnelken, Klatschmohn, Schwertlilien, Kornblumen, Butterblumen.

Für Blumenwiesen brauchen Sie Geduld

Eine Blumenwiese wächst am schnellsten, wenn Sie sich im Fachhandel eine Wiesensaatmischung kaufen und diese in einen bereits vorhandenen Rasen säen. Allerdings müssen Sie das Gras vorher ganz kurz mähen und mit einer Fräse aufreißen.

Im ersten Jahr werden Sie auch noch die Pracht bewundern können, die auf der Samentüte abgebildet war. In den Folgejahren allerdings wachsen dann vor allem jene Pflanzen, die mit dem angebotenen Boden zufrieden sind. Das ist nicht unbedingt der leuchtendrote Klatschmohn, aber vielleicht die Butterblume, nicht die großblütige Margerite, sondern die zarte Glockenblume.

Wichtig für Blumenwiesen ist ein nährstoffarmer Boden. Sie dürfen also auf keinen Fall düngen. Und Sie dürfen natürlich auch nicht regelmäßig mähen. Ein Schnitt im Sommer und einer im Herbst sind mehr als genug. Schließlich sollten Sie all den Wiesenblumen Gelegenheit geben, voll aufzublühen und sich selbst wieder auszusäen.

Wenn Sie vor der Aussaat der Wiesenblumen eine Bodenanalyse vornehmen lassen, können Sie sich in großen Fachgeschäften auch Saatmischungen speziell für Ihren Boden zusammenstellen lassen.

Kein Teich ohne Ufer

Damit ein Teich völlig natürlich aussieht, kommt es auf die Randbepflanzung an. Nur zu oft aber sieht man rings um den Teich breite, kahle Folienränder, auf denen sich keine Pflanze halten kann.

Dem aber läßt sich mit sogenannten Böschungsmatten abhelfen. Das sind Kunststoffgeflechte, die an Haken im Ufer eingehängt werden und ins Wasser ragen. Sie werden mit Erde, Torf oder Kies gefüllt und so bepflanzt, daß vom Kunststoff später nichts mehr zu sehen ist. So können sich Sumpf- und Wasserpflanzen vom Ufer aus gut ins Wasser hineinentwickeln und kräftig wachsen. Für steile Ufer gibt es sogar Böschungsmatten mit Pflanztaschen zu kaufen.

Eine andere Möglichkeit ist ein Sumpfbeet am Teichrand. Dazu wird am Teich entlang Erde ausgehoben, die Folie über diesen Streifen gezogen. Belegen Sie den Teichrand mit Steinen, und füllen Sie Erde in das neu enstandene Sumpfbeet ein. Um zu verhindern, daß schwere Steine in den Teich kippen, werden sie vorsichtshalber mit Silikon festgeklebt. In diesen Bereich kommen Pflanzen, die mit den Wurzeln gerne ein wenig feuchter stehen.

Auch ein Teichufer kann sich in ein prachtvolles Blumenbeet verwandeln. Im Hintergrund strahlen Stockmalven in Rot und Weiß und gelbe Königskerzen, davor wachsen Blutweiderich, sonnengelbe Rudbeckien und Margeriten.

Mauerblümchen

Mit Trockenmauern können Sie Grundstücke eingrenzen oder auch Beete an einem Hang abstützen. Solche Mauern bestehen aus Steinen mit Erdfugen, in denen Pflanzen wachsen. Damit die Mauer stabil ist, brauchen Sie ein etwa 10 cm tiefes Fundament. Die Steine selbst sollten glatte Flächen und kantige Profile haben. Runde Feldsteine zu verarbeiten, ist für einen Laien sehr schwierig. Gut geeignet sind Kalk-, Schiefer- oder andere Natursteine.

Betten Sie die unterste Steinlage in das Fundament. Dann müssen Sie das Mauerwerk Stein für Stein aufbauen. Nach jeder Steinlage wird eine dünne Schicht Erde eingefüllt. Dazu können Sie jene Erde nehmen, die Sie für das Fundament ausgeschaufelt haben. Ist sie sehr schwer und lehmhaltig, wird sie zu einem Drittel mit Sand vermischt.

Achten Sie beim Bauen darauf, daß Ihre Mauer sich nach oben hin verjüngt. Die Querschnittsform sollte eine Pyramide sein. Wenn die Mauer am Fundament etwa einen Meter breit ist, sollten es in einem Meter Höhe nur noch 50 cm Breite sein.

Bepflanzen können Sie die Mauer mit allen bekannten Steingartenpflanzen. Gehölze nur vereinzelt setzen; sie nehmen zuviel Platz weg. Aber auch Kräuter und Zwiebelblumen sind geeignet.

Bepflanzt wird eine Trockenmauer erst, wenn sich die Erde verdichtet hat. Das kann einige Wochen dauern. Hier wächst zartrosa Alpenbalsam (Erinus alpinus) in den Fugen. Die einheimische Alpenpflanze blüht im Frühsommer.

Extra-Tip:

Ein größerer Steingarten sieht am schönsten auf einer leicht geneigten Fläche aus. Gut geeignet sind die schrägen Beete am Rande der Terrasse. Hier können Sie Polsterstauden auch mit kleinen Sträuchern, mit Zwiebel- und Knollenblumen kombinieren. Dazwischen kommen wenige, aber möglichst große Findlingssteine.

Pflanz- und Pflegefahrplan für den Blumengarten

	Januar	Februar	März	April	Mai	Juni	Juli	August	September	Oktober	November	Dezember
Einjährige im Zimmer aussäen	■	■	■	■								
Einjährige draußen aussäen			■	■	■							
Vorkultivierte auspflanzen					■	■						
Zweijährige aussäen					■	■	■	■				
Winterharte Zwiebeln pflanzen									■	■	■	
Frostempfindliche Zwiebeln pflanzen			■	■	■	■						
Frostempfindliche ins Haus nehmen										■		
Frühlingsblühende Zwiebelblumen düngen			■									
Sommerblühende Zwiebelblumen düngen					■	■						
Stauden pflanzen			■	■	■			■	■	■	■	
Stauden düngen			■						■			
Stauden winterfest machen										■	■	
Stauden teilen										■		

Einkaufstips für Blumensamen

Samen für Sommerblumen finden Sie zur Saatzeit im Frühjahr in jedem Supermarkt. Wer allerdings etwas Spezielles sucht, ist mit den Katalogen von Samen-Versandhändlern besser bedient. Auf jedem Tütchen finden Sie Hinweise für Aussaat und Pflege.

Beim Kauf sollten Sie unbedingt auf das aufgedruckte Haltbarkeitsdatum achten. Kaufen Sie nur Samen, der noch lange frisch bleibt. Die Haltbarkeit wird jedoch nur garantiert, wenn die Tüte verschlossen ist. Samenreste zu verwahren, lohnt kaum.

Von manchen Samen – allerdings nur von gängigen Pflanzen – gibt es auch sogenannte Pillensamen oder Saatbänder zu kaufen. Bei den Pillensamen sind die Körner mit einer Substanz umgeben, die sich später in der Erde auflöst, bei Saatbändern sind sie zwischen zwei Papierbändern eingebettet. Solche Spezialsamen sind etwas teurer als Samentütchen der gleichen Sorte. Sie lassen sich aber besser greifen, sind leichter in die Erde zu betten und garantieren gleich den vorgeschriebenen Pflanzabstand.

Wenn Sie Sommerblumen für die Vase schneiden, dann möglichst am frühen Morgen, nie in der Mittagshitze. Nehmen Sie immer leicht knospige, niemals völlig aufgeblühte.

Blumen für die Vase

Zu den besonders dankbaren Schnittblumen, die sich jeder im eigenen Garten ziehen kann, gehören Frühlingsblüher wie Tulpen und Osterglocken, dann die vielen Sommerstauden wie Margeriten und Rittersporn, Lilien, Sommerastern, Flammenblume und Eisenhut. Im Herbst bieten sich Dahlien und Chrysanthemen zum Füllen der Vasen an.

Viele Leute legen sich ein separates Schnittblumenbeet an. Genausogut aber können Sie die Blumen überall im Garten verteilen, mal hier und mal da schneiden. Dann fällt die „Plünderei“ auch weniger auf.

Was Sie tun sollten: Auch Blattstauden wie Funkien und Bergenien und Gräser wie Federgras und Rasenschmiele pflanzen – zum Füllen zwischen den Blüten im Strauß.

Für frostempfindliche Blumen: Vorkultur

Manche der einjährigen Sommerblumen vertragen keinen Frost. Begonien, Petunien und Leberbalsam gehören dazu. Würden sie erst ausgesät, wenn tatsächlich kein Frost mehr droht – nämlich Mitte Mai –, wäre der Rest des Sommers zum Wachsen und Blühen zu kurz. Solche Blumen brauchen eine Vorkultur. Das heißt, sie werden schon im Winter, zwischen Februar und Ende März, im Zimmer ausgesät. Mitte Mai sind sie dann schon groß, können ins Freie gepflanzt werden.

Zunächst einmal brauchen Sie zum Aussäen große Saatschalen. Die können Sie kaufen; im Prinzip ist aber jedes flache Gefäß geeignet. Füllen Sie die Schalen bis daumenbreit unter den Rand mit spezieller Aussaaterde (gibt's im Fachhandel), die leicht angedrückt wird. Streuen Sie den Samen dünn und gleichmäßig auf die Erde. Anschließend wird noch einmal eine hauchdünne Schicht Erde über den Samen gesiebt, dann mit einem Zerstäuber vorsichtig angefeuchtet.

Bei hoher Luftfeuchtigkeit keimt der Samen am besten. Deshalb sollten Sie die Schale mit einer Glasplatte abdecken oder eine Folie darüber spannen. Bis zum Keimen der Samen muß die Schale warm und schattig stehen. Gut geeignet ist ein Platz am Nordfenster, direkt über einer Heizung.

Zeigen sich die ersten Keimspitzen, müssen Sie für Frischluftzufuhr sorgen. Heben Sie die Abdeckung etwas an, zuerst nur ein paar Stunden; später kann sie ganz abgenommen werden. Die Erde darf nun nie austrocknen; sprühen Sie täglich. Aber Vorsicht, daß Sie die winzigen Pflanzen nicht ertränken.

Wenn sich zwischen den rundlichen Keimblättern die ersten richtigen Blätter zeigen, wird pikiert. Das heißt: Die Sämlinge werden weiter auseinandergesetzt, so daß jeder mehr Platz hat. Entweder zupfen Sie die schwächsten Pflänzchen heraus, oder Sie setzen alle mit Abstand in neue Schalen. Geben Sie acht, daß die winzigen Wurzeln nicht beschädigt werden. Zwei bis drei Tage nach dem Pikieren können die Pflanzen sonniger gestellt werden.

Vier bis fünf Wochen später sollten Sie die Pflanzen allmählich an die frische Luft gewöhnen: täglich ein paar Stunden nach draußen, in eine geschützte Terrassenecke, stellen. Mitte Mai dann, wenn alle Frostgefahr vorbei ist, dürfen die Blumen an ihren endgültigen Platz im Garten.

Das Aussäen im Zimmer ist gar nicht schwierig. Füllen Sie als erstes Aussaaterde in eine flache Saatschale und drücken sie leicht an 1. Dann streuen Sie den Samen darauf, aber nicht zu dicht 2. Mit einem Zerstäuber wird die Erde angefeuchtet 3 – aber auf keinen Fall die Gießkanne nehmen. Dann wird die Schale mit einer Glasplatte oder einer Folie abgedeckt 4.

Diese Blumen brauchen eine Vorkultur

In der Tabelle rechts finden Sie eine Reihe von Sommerblumen, die frostempfindlich sind, die Sie also zum Winterende im Zimmer aussäen sollten.

So eine Vorkultur braucht Platz (für die vielen Saatschalen) und macht ein wenig Arbeit. Wer das eine nicht hat oder sich das andere sparen will, kann vorgezogene Blumen auch im Mai auf dem Markt kaufen.

Name	**Blütezeit**
Begonie *(Begonia semperflorens)*	V-IX
Gartenverbene *(Verbena)*	VII-IX
Leberbalsam *(Ageratum)*	VI-IX
Lobelie *(Lobelia erinus)*	VI-X
Löwenmäulchen *(Antirrhinum majus)*	VI-X
Salvie *(Salvia splendens)*	VI-X
Sommeraster *(Callistephus)*	VII-X
Tausendschönchen *(Bellis perennis)*	III-V
Trompetenzunge *(Salpiglossis sinuata)*	VI-VIII

Im Garten sollten die Samen der Sommerblumen im gleichmäßigen Abstand gesät werden.

Sechs bis sieben Wochen nach der Aussaat können die meisten Pflänzchen pikiert werden.

Einige Wochen später werden Triebspitzen abgekniffen, damit die Pflanzen buschig wachsen.

Etwa im September kommen die zweijährigen Sommerblumen an ihren endgültigen Standort.

Extra-Tip:

Manchmal leiden Sommerblumen unter Nährstoffmangel: Die Blüten bleiben klein, die Blätter werden gelblich, die ganze Pflanze will nicht richtig wachsen. Dann sollten Sie eine Portion Dünger aufs Beet geben: 20 bis 30 Gramm pro Quadratmeter leicht in den Boden hacken und anschließend gießen.

Im Sommer wird's Zeit für die Zweijährigen

Zwischen Mitte Juni und Ende Juli kommen die Samen der zweijährigen Sommerblumen in die Erde. Wachsen an dem vorgesehenen Platz im Garten zu diesem Zeitpunkt noch andere Sommerblumen, säen Sie zunächst in irgendeine leere Ecke. Zwischen September und Oktober dann sollten die jungen Pflanzen an ihren endgültigen Platz kommen.

Einmal abgesehen vom Termin ist die Aussaat einjähriger frostfester und zweijähriger Sommerblumen gleich. Zunächst sollten Sie den Boden lockern und etwas Kompost einarbeiten. Da alle Sommerblumen eine nahrhafte Erde brauchen, sollten Sie zusätzlich einen Volldünger auf die Erde streuen, etwa 50 bis 100 Gramm pro Quadratmeter. Harken Sie den Dünger etwa zwei Zentimeter tief in die Erde ein; sorgen Sie dafür, daß die Erdoberfläche sehr feinkrümelig ist. Nach dem ersten Harken wird der Boden gründlich angefeuchtet (mit der feinen Spritzdüse des Gartenschlauches). Wenn die Erde trocken ist, nochmals durchharken.

Nach dieser Vorbereitung schließlich kann gesät werden. Wer noch ungeübt in der Gartenarbeit ist, sät am besten in Reihen. Dann nämlich läßt sich später das Unkraut besser von den Sämlingen unterscheiden, als wenn bei einer flächigen Saat alles durcheinanderwächst. Der Abstand von Reihe zu Reihe sollte etwa der halben Höhe der ausgewachsenen Pflanze entsprechen.

Breitwürfig verteilte Samen werden in die Erde geharkt, Furchen zugedrückt. Bis zur Keimung müssen Sie dafür sorgen, daß die Erde nie austrocknet. Meist stehen die Pflänzchen nach dem Keimen zu dicht.

Dann müssen sie ausgedünnt (die schwächsten herauszupfen) oder pikiert (weiter auseinandergesetzt) werden.

Pflanzen im Frühbeet und im Folientunnel

Ein paar Tricks gibt es, um die Natur bei der Anzucht von Jungpflanzen zu überlisten. Im Frühbeet nämlich und im Folientunnel können Blumen geschützt heranwachsen, obwohl die Temperaturen draußen noch sehr niedrig sind.

Folientunnel kann man im Gartencenter kaufen. Sie halten zwar nicht ganz so viel Wärme wie ein Frühbeet, sind dafür aber beweglich und somit im ganzen Garten einsetzbar. Sie schützen die Pflanzen zusätzlich vor Nässe und Wind. Gegen Sturm sollten solche Folientunnel verankert werden.

Sorgen Sie auch dafür, daß eine Lüftung möglich ist, daß man beispielsweise Tunnelteile mit Holzstücken anheben kann. Solche Tunnel sollten Sie bereits zwei Wochen vor dem geplanten Aussaattermin an den vorgesehenen Ort setzen, damit der Boden darunter trocken und warm wird.

Frühbeetkästen sind eine feste Einrichtung, in die sich sogar eine Heizung installieren läßt. Ein Frühbeet soll an einer sonnigen, aber etwas windgeschützten Stelle gebaut werden. Damit möglichst viel Licht ins Innere gelangt, muß die Glasabdeckung stets sauber sein. In kalten Nächten kann man den Kasten mit einem alten Teppich abdecken.

Folientunnel sind auch eine feine Sache, um vorgezogene Frühlingsblumen, wie etwa Kissenprimeln, vor den letzten Frösten zu schützen. Das gilt auch für Pflanzen, die aus dem warmen Treibhaus kommen.

Blumenzwiebeln sollten Sie nicht in Plastikbeuteln, sondern immer lose kaufen.

Nur die besten Zwiebeln kaufen

Beim Kauf von Blumenzwiebeln und -knollen kommt es auf Qualität an. Nehmen Sie die Zwiebeln in die Hand: Sie müssen sich fest anfühlen und dürfen keine weichen Stellen haben. Eine gesunde Zwiebel ist im Verhältnis zu ihrer Größe relativ schwer. Achten Sie darauf, daß die Zwiebelhaut unversehrt und ohne Flecken ist. Alles, was Schimmelstellen hat, sollten Sie liegenlassen.

Bei Zwiebeln gibt es Bezeichnungen wie „Qualität 8/10“ oder „12/14“. Diese Zahlen geben den Umfang der Zwiebel oder Knolle an. Und je größer die Zwiebel/die Knolle ist, desto prächtiger fällt meist auch die Blüte aus. Aber: Große sind teurer.

Wichtig: Die richtige Tiefe

Aus der Zeichnung ersehen Sie detailliert die nötige Pflanztiefe: **1** Knotenblume, **2** Knollenanemone, **3** Schneestolz, **4** Krokus, **5** Winterling, **6** Fritillarien, **7** Schneeglöckchen, **8** Hyazinthe, **9** Zwiebeliris, **10** Märzbecher, **11** Milchstern, **12** Blausternchen, **13** Blumenlauch, **14** Hundszahn, **15** Lilie, **16** Narzisse, **17** Tulpe, **18** Traubenhyazinthe, **19** Präriekerze. Je nach Größe Zwiebeln gleicher Art höher oder tiefer pflanzen.

Zwiebeln und Knollen, die im Herbst ins Haus müssen (wie Dahlien und Gladiolen), findet man in so einem Blumenzwiebelkorb leichter wieder.

Kinderleicht: Zwiebeln pflanzen

Falsch machen kann man beim Zwiebelpflanzen kaum etwas. Trotzdem sollten Sie einige Grundregeln beachten. Wichtig ist, daß die flache Seite der Zwiebel oder Knolle stets nach unten zeigt. Dann sollten Sie lieber zu tief als zu flach pflanzen – damit die Zwiebeln bei einem späteren Hacken der Erde nicht ständig an die Oberfläche befördert werden. Einige Anhaltspunkte für die Tiefe finden Sie in der Zeichung auf Seite 111. Und schließlich müssen Sie darauf achten, daß die Zwiebel mit der Unterseite auch wirklich auf dem Boden sitzt und nicht in der Luft schwebt. Sonst sammelt sich Wasser im Hohlraum, und die Zwiebel kann faulen.

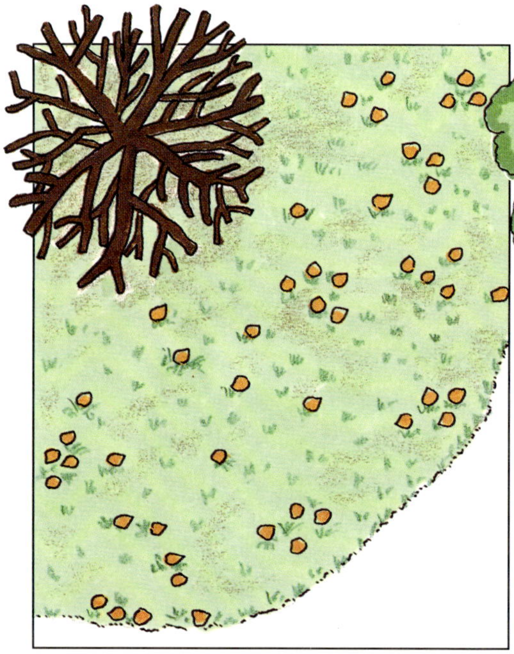

Im Herbst werden die Zwiebeln im Rasen verteilt…

…im Frühjahr zeigt sich dann die Blumenpracht.

Zwiebeln – am schönsten sind sie in Gruppen

Hier eine Tulpe und da eine Narzisse im Garten, das sieht fast lächerlich aus. Damit Zwiebelblumen so richtig zur Geltung kommen, sollten sie immer in Gruppen zusammenstehen. Wer nun allerdings seine Blumen in Reih und Glied hintereinander aufbaut, erzielt auch kein schönes Ergebnis.

Am schönsten ist so eine Art von „regelmäßiger Zufälligkeit". Und die ist gar nicht schwierig zu erzielen. Schauen Sie sich die Fläche an, wo Ihre Zwiebelblumen sprießen sollen – und dann werfen Sie einige Handvoll Zwiebeln auf den Boden. Wo sie hinfallen, werden sie gepflanzt, mal zwei, mal drei oder fünf zusammen. So entstehen wie in der Natur mehr oder weniger dichte Tuffs.

Im Prinzip können Sie Zwiebelblumen pflanzen, wo immer Sie wollen: auf Beete, im Rasen, unter Bäumen und Sträuchern. Nur unter immergrünen Sträuchern, die auch im Frühjahr ein dichtes Laub- oder Nadelkleid haben, bekommen die Blumen sicher zu wenig Licht.

Als Blütenhöhepunkte im Rasen sind besonders kleine Zwiebelblumen wie Krokusse, Blausternchen und Traubenhyazithen geeignet. Ihr Laub welkt verhältnismäßig schnell ab, so daß Sie auch bald den Rasen mähen können. Halbwelke Blätter dürfen nämlich nicht geschnitten werden, weil die Zwiebel dann noch nicht genug Kraft gesammelt hat für die Blüte des nächsten Jahres.

Extra-Tip:

Alle Zwiebeln und Knollen haben gemeinsame Feinde im Garten: Kaninchen und Mäuse, für die sie wahre Leckerbissen sind. Wenn Sie wissen, daß diese Tiere in Ihrer Gegend vorkommen, setzen Sie die Zwiebeln und Knollen am besten in einem Maschendrahtkorb in die Erde.

Übersommern – überwintern

Frostempfindliche Zwiebeln und Knollen werden im späten Herbst aus dem Boden genommen, zwei Wochen getrocknet, dann von Wurzelresten und abgestorbenen Blättern gesäubert. Den Winter über kommen sie in eine flache Kiste mit Torfmull, in einen kühlen (um 10°C), luftigen, trockenen Keller. Von Zeit zu Zeit sollten Sie den Torf mit einem Zerstäuber leicht anfeuchten.

Manchmal müssen auch die winterharten Frühlingsblumen im Frühsommer aus der Erde, weil an ihrer Stelle Sommerblumen wachsen sollen. Damit die Blätter ungestört abwelken können, werden die Zwiebeln in eine Kiste mit feuchtem Torf gepackt oder an eine andere Stelle im Garten umgesetzt. Im Herbst kommen sie wieder in die Erde.

Wenn Zwiebelblumen ihren Stammplatz im Garten noch vor dem Welken der Blätter räumen müssen, kommen sie noch für einige Wochen in eine Kiste mit feuchtem Torf.

Blütezeit-Kalender

Zwiebel- und Knollenpflanzen werden oft als Frühlingsblumen bezeichnet. Richtig kombiniert aber haben Sie damit fast das ganze Jahr über Blüten im Garten. Hier finden Sie eine Auswahl von Blumen, geordnet nach dem Beginn ihrer Blüte. Suchen Sie sich die schönsten für Ihren Garten aus.

Frühlingsblüher (ab März)
Blausternchen, Frühlingsanemone, Märzbecher, Hundszahn, Hyazinthe, Kaiserkrone, Narzisse, Puschkinie, Schneestolz, Traubenhyazinthe, Tulpe, Zwiebeliris

Frühsommerblüher (ab Juni)
Fransenschwertel, Gladiole, Knotenblume, Lauch, Präriekerze, Ranunkel

Hochsommerblüher (ab Juli)
Belladonnalilie, Dahlie, Hakenlilie, Lilie, Montbretie, Sommerhyazinthe, Sterngladiole, Tigerblume

Herbstblüher (ab September)
Herbstkrokus, Herbstzeitlose, Sternbergia

Winterblüher (ab Januar)
Krokus, Schneeglöckchen, Winterling

Pflanzzeit für Stauden

Stauden können Sie im zeitigen Frühjahr pflanzen, etwa von März bis Mitte Mai, und im Herbst, von Ende August bis Anfang November. Am besten wachsen solche Pflanzen an, die in den ersten Septemberwochen in die Erde kommen. Dann ist der Boden noch warm, und die Pflanzen können viele Wurzeln bilden, bevor der Winter kommt.

Manche Stauden haben allerdings spezielle Wünsche. Chrysanthemen, Lupinen und Staudenastern gedeihen besser bei einer Frühjahrspflanzung, etwa im April. Sumpf- und Wasserpflanzen sollte man sogar erst im Mai aussetzen, wenn sich das Wasser genügend erwärmt hat. Auch Farne und Gräser gedeihen, im Frühjahr gepflanzt, besser.

Heute bekommt man Stauden den ganzen Sommer über in Töpfen zu kaufen. Kein Problem, sie sogar in voller Blüte zu verpflanzen – so lange keine anderen Sommerblüher durch das Pflanzen gestört werden.

Der Moossteinbrech (Saxifraga) sollte im frühen Herbst in die Erde kommen. Wird die Pflanze allerdings geteilt und verjüngt, geschieht das am besten gleich nach der Blüte, etwa im Juli/August. Die Pflanze wächst auch an trockenen Plätzen, in nicht zu schweren Böden, sogar an recht schattigen Standorten.

Manchmal haben hochwachsende Stauden wie Rittersporn oder Rudbeckien ein bißchen schwache Stengel: Sie brauchen eine Stütze. Im Fachhandel gibt's spezielle Staudenhalter zu kaufen. Sie können sich aber auch aus mehreren Bambusstöcken und einem Maschendrahtgeflecht selbst einen stützenden Ring bauen.

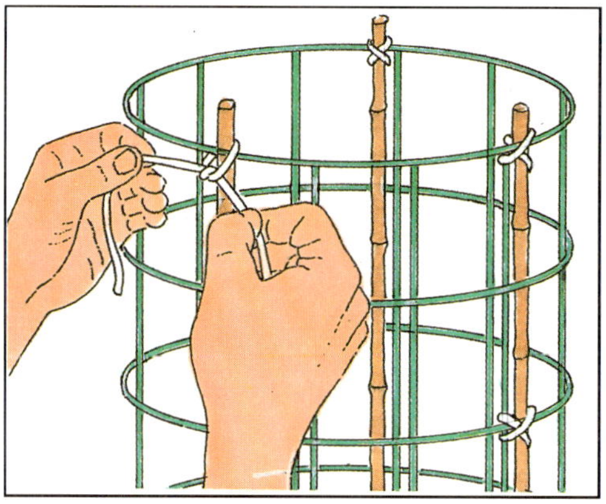

Die meiste Pflege im ersten Jahr

Normalerweise gehören Stauden zu den pflegeleichten Gartenpflanzen. Im ersten Jahr nach dem Pflanzen allerdings machen sie schon ein wenig Mühe. Denn dann sind sie noch recht klein – und zwischen den einzelnen Pflanzen bleibt jede Menge Platz für Unkraut. Zwei Möglichkeiten der Bekämpfung gibt es. Die eine: jäten und hacken. Dabei müssen Sie aber aufpassen, daß die Staudenwurzeln nicht beschädigt werden.

Die weniger mühsame: den Boden zwischen den Stauden zudecken, entweder mit schnellwachsenden Sommerblumen oder mit Mulch. So eine Mulchschicht kann aus Kompost oder Grasschicht bestehen. Wird sie im Frühjahr, nach dem ersten Jäten (die Fläche muß unkrautfrei sein) etwa 5 cm dick aufs Beet gepackt, verhindert sie, daß neues Unkraut nachwächst. Was ebenfalls zur Sommerpflege der Stauden gehört: das regelmäßige Abschneiden aller welken Blütenstiele. Gedüngt werden Beetstauden einmal im Jahr, im zeitigen Frühling.

Stauden für den Schatten

Stauden für einen Sonnenplatz zu finden, ist kein Problem. Aber auch für die schattigen Ecken Ihres Gartens gibt es Blumen, die trotz Lichtmangel, trotz des Wurzelfilzes von Bäumen und Sträuchern gut gedeihen:

Name	Höhe in cm	Blütezeit
Funkie *(Hosta)*	30-60	VI-VIII
Geißbart *(Aruncus)*	150-180	VI-VII
Herbstanemone *(Anemone japonica)*	50-100	VIII-X
Immergrün *(Vinca)*	15-30	IV-V
Lampionblume *(Physalis)*	40-60	VII
Maiglöckchen *(Convallaria)*	20-30	V
Prachtspiere *(Astilbe)*	30-100	VII-IX
Schaublatt *(Rodgersia)*	100-150	VI-VIII
Silberkerze *(Cimicifuga)*	80-200	VII-X
Storchschnabel *(Geranium)*	40-50	VI-VIII
Taglilie *(Hemerocallis)*	80-100	VI-VII
Tränendes Herz *(Dicentra)*	100	IV-V

Ein guter Grund für schöne Blüten

Die meisten Stauden stehen jahrelang am selben Platz, sollen immer wieder neu heranwachsen und dabei kräftig blühen. Da kommt es auf einen guten Untergrund an.

Wenn Sie ein Beet neu anlegen, sollten Sie es etwa zwei bis drei Wochen vor dem vorgesehenen Pflanztermin zwei Spaten tief umgraben. Sammeln Sie dabei alle Wurzelreste und Steine aus der Erde. Lassen Sie den Boden so grobschollig liegen, streuen Sie pro Quadratmeter einen Eimer Kompost oder Rindensubstrat darauf.

Erst unmittelbar vor dem Pflanzen werden die Schollen zerkleinert. Mischen Sie noch etwas organischen Dünger (Horn- oder Knochenmehl) unter, und harken Sie die Fläche glatt. Danach wird gepflanzt.

Wollen Sie ein bereits vorhandenes Blumenbeet noch aufbereiten, genügt es, wenn Sie die Erde mit einem Kultivator lockern und dabei etwas Kompost untermischen.

Nach dem Einpflanzen müssen Sie Stauden gründlich angießen. Ist es in den folgenden Tagen warm, sollten Sie täglich sprühen.

Kübelparade in Rosarot – mit niedrigen Gänseblümchen und hohen Spinnenpflanzen. Sie wachsen, bunt gemischt mit anderen Sommerblumen, in halbierten Weinfässern. Solche Fässer sehen sehr dekorativ aus, sind aber bepflanzt sehr schwer. Deshalb sollten Sie möglichst nur kurzlebige Blumen einpflanzen.

Blumen wachsen auch im Kübel

Immer mehr Gartenbesitzer schmücken ihre Gärten auch mit Kübelpflanzen. Das können klassische Kübelgewächse sein wie etwa Engelstrompete, Bougainvillea, Palmen, aber auch ganz normale Sommerblumen, die in Gefäße gesetzt werden. Im Prinzip wächst alles im Kübel, er muß nur die richtige Größe haben. Ob Sie Tontöpfe oder Holzfässer oder umfunktionierte Gefäße nehmen, ist dabei reine Geschmackssache.

Allerdings: Jeder Kübel sollte Löcher im Boden haben, damit überschüssiges Gieß- und Regenwasser möglichst schnell wieder abfließen kann. Aus dem gleichen Grund sollten Sie zuunterst eine etwa drei bis vier Zentimeter hohe Drainageschicht aus Kies oder Blähton einfüllen. Darüber kommt dann die Blumenerde – aber eine gute Qualitätserde sollte es sein. Bei kurzlebigen Pflanzen wird die Erde in jedem Jahr ausgewechselt. Wachsen langlebige, große Pflanzen in Gefäßen, die nicht jedes Jahr umgetopft werden, sollten Sie zumindest die oberste Erdschicht (4 bis 5 cm hoch) in jedem Frühjahr auswechseln, weil sich darin schädliche Düngerreste sammeln.

Selbst ernähren, so wie im Garten, können sich Kübelpflanzen natürlich nicht. Dazu reichen die Nährstoffe in der wenigen Erde einfach nicht aus. Etwa sechs Wochen nach dem Einpflanzen sollten Sie mit dem Düngen beginnen. Merken Sie sich als Faustregel: Flüssigdünger etwa alle zehn Tage geben; bei Langzeitdünger reichen ein bis zwei Portionen für die ganze Saison.

Mehrjährige Pflanzen sollten Sie nur bis Ende August düngen, damit die Triebe richtig ausreifen können. Bei einjährigen Sommerblumen können Sie Dünger bis zum Herbst geben, damit sich auch noch die letzte Blüte öffnet. Natürlich müssen Sie auch regelmäßig gießen: an normalen Sommertagen täglich, bei ganz großer Hitze vielleicht sogar morgens und abends.

Wintertemperaturen für Kübelpflanzen

Im Freien überwintern können nur ganz robuste Kübelpflanzen wie etwa Bambus und Rosenbäumchen. Aber auch sie müssen dann winterfest verpackt werden. Für alle anderen müssen Sie einen Platz im Haus suchen. Leider haben viele Pflanzen auch viele unterschiedliche Wünsche an die Wintertemperatur. Aber: Alle sollten hell stehen.

Temperatur	Pflanze
Bei 3 - 6°C:	Agave, Granatapfel, Korallenstrauch, Lorbeerbaum, Schmucklilie
Bei 6 - 10°C:	Bleiwurz, Engelstrompete, Eukalyptus, Passionsblume, Wollmispel
Bei 10 - 15°C:	Bougainvillea, Margeritenbäumchen, Tibouchina
Über 15°C:	Paradiesvogelblume, Schönmalve, Zierbanane

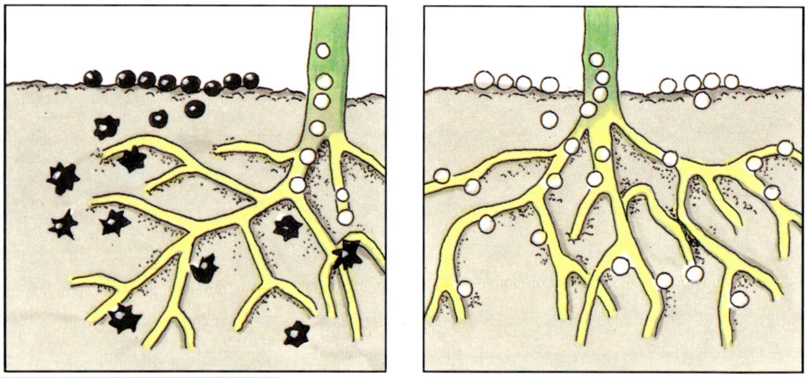

Beim Düngen unterscheidet man zwischen organischen und mineralischen Düngerstoffen. Die mineralischen werden sofort von den Pflanzenwurzeln aufgenommen (Zeichnung rechts). Die organischen müssen erst durch Mikrolebewesen im Boden erschlossen werden (links).

Den ganzen Sommer über müssen Sie welke oder kranke Teile aller Pflanzen abschneiden.

Gießen, Düngen, Schneiden

Gießen müssen Sie einen Blumengarten nur dann, wenn es längere Zeit im Sommer nicht geregnet hat. Normalerweise holen sich die Pflanzen von selbst genug Feuchtigkeit aus dem Boden. Wenn Sie gießen, dann aber gründlich. Am besten legen Sie einen Schlauch ins Beet und lassen das Wasser im Boden versickern. Beim Gießen sollten die Blätter möglichst nicht zu naß werden.

Dünger brauchen die mehrjährigen Blumen. Der Düngetermin ist bei Zwiebelblumen von der Blütezeit abhängig. Bei Frühlingsblühern düngen Sie etwa im März, bei Sommerblühern ungefähr im Mai/Juni; Stauden werden im März oder im September gedüngt. Nie sollten Sie auf trockenen Boden düngen; gießen Sie vorher. Streuen Sie pro Quadratmeter ein bis zwei Handvoll eines organischen Düngers (Horn- oder Knochenmehl) aus. Leiden Ihre Pflanzen unter Düngermangel, sollten Sie einen schnellwirkenden mineralischen Dünger nehmen.

Schneiden müssen Sie den ganzen Sommer über: alle welken Blüten und Blätter. Nur bei Zwiebelblumen müssen die welken Blätter einige Wochen noch an der Pflanze bleiben, denn dabei speichert die Zwiebel Nährstoffe für die Blüte des nächsten Jahres.

Im Spätherbst werden die meisten Stauden dicht über dem Boden abgeschnitten. Legen Sie das Welke als Frostschutz auf.

So wird der Blumengarten winterfest

Im späten Herbst haben Sie im Blumengarten eine ganze Menge zu tun. Zunächst einmal werden alle einjährigen Sommerblumen, deren Leben dann zu Ende ist, aus der Erde genommen. Sie wandern auf den Kompost. Decken Sie die freien Flächen mit einer Mulchschicht ab.

Auch unter den Zwiebel- und Knollenpflanzen gibt es einige wie Dahlien und Gladiolen, die Sie ausgraben müssen – aber nicht zum Wegwerfen, sondern um sie den Winter über in einem kühlen, aber frostfreien Keller zu lagern. Ein Tip: Dahlienknollen nach dem Ausgraben einige Stunden auf den Kopf stellen, damit das Wasser aus den hohlen Stengelresten läuft. Nach dem Trocknen werden Zwiebel und Knollen von welken Pflanzteilen gesäubert. Zum Überwintern kommen sie in eine Kiste mit Torf.

Die Stauden sind im November an der Reihe. Sie werden, bis auf Immergrüne natürlich, dicht über dem Boden abgeschnitten. Die welken Stiele können Sie als Winterschutz über den Wurzelbereich packen. Frostempfindliche, wie etwa Lupinen, bekommen eine zusätzliche Decke aus welken Blättern. Diese Decke muß Anfang März wieder abgenommen werden. Sonst treiben die Stauden zu früh aus und erfrieren.

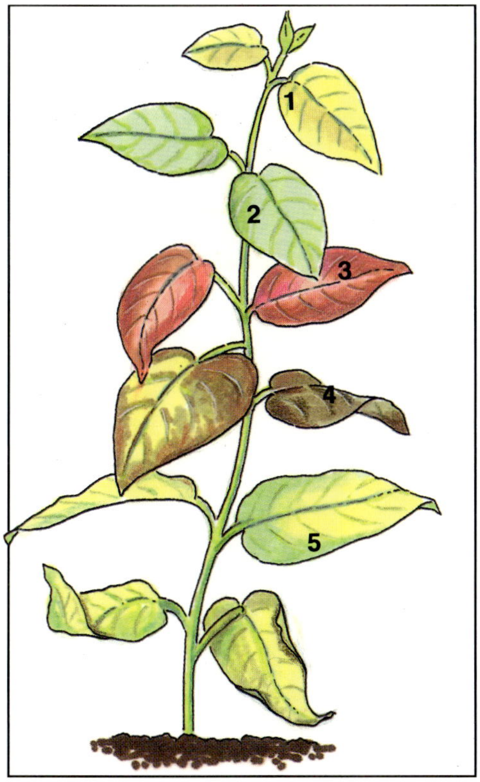

Blattverfärbungen bei Pflanzen können Mangelerscheinungen anzeigen. Achten Sie auf folgende Signale: 1 Vergilben junger Blätter: Eisenmangel; 2 blaßgrüne Blätter: Stickstoffmangel; 3 rote oder violette Blätter: Phosphatmangel; 4 bräunlichverfärbte Blätter: Kaliummangel; 5 Gelbwerden der älteren Blätter: Magnesiummangel. In solchen Fällen helfen Spezialdünger.

Wenn Blumen kränkeln

Selbst bei bester Pflege können Blumen krank werden, unter Mehltau, Blattläusen oder anderen Plagen leiden. Die beste Bekämpfung ist die Vorsorge: indem Sie nur solche Pflanzen in Ihren Garten holen, die mit den angebotenen Licht- und Bodenvorkommnissen zufrieden sind. Da sich aber niemand vor Blattläusen und anderen Schädlingen schützen kann, sollten Sie gleichzeitig deren Feinde anlocken: Vögel und Igel.

Den Griff zur chemischen Keule sollten Sie so weit wie möglich hinausschieben, besser noch ganz unterlassen. Viele Schädlinge kann man einfach mit dem Gartenschlauch abspritzen. Bei anderen helfen biologische Mittel, die Sie selbst anrühren (siehe rechts) oder im Fachhandel kaufen kann.

Relativ einfach lassen sich alle Erkrankungen bekämpfen, die auf Mangelerscheinungen zurückzuführen sind. In solchen Fällen hilft nämlich schon eine Extraportion Dünger. Gefürchtet ist bei Staudenbesitzern die sogenannte Asternwelke, bei der die Pflanzen welken und umkippen: Sofort alle kranken Pflanzen vernichten!

Sonnenschutz für junge Pflanzen

Frisch angepflanzte oder gekeimte Pflanzen sind oftmals sonnenempfindlich. Sie machen dann sehr schnell schlapp; die Wurzeln aber können noch nicht soviel Feuchtigkeit aus der Erde nach oben transportieren. Stellen Sie als Sonnenschutz Wände aus Schattierleinen auf.

Ringelblumen gehören, wie auch viele Kräuter, zu den Pflanzen, die einen intensiven Geruch ausströmen. Dadurch werden viele Schädlinge in die Flucht geschlagen. Aus Studentenblumen und Petunien können Sie Spritzbrühen herstellen.

Pflanzenapotheke

Viele Krankheiten und Schädlinge können Sie mit Jauchen und Brühen bekämpfen, die aus Pflanzen hergestellt werden. Bekannt sind die Brennesselbrühe gegen Blattläuse und die Schachtelhalmbrühe gegen Mehltau. Dazu brauchen Sie etwa ein Kilogramm frische oder 150 bis 200 Gramm trockene Pflanzen (Reformhaus), die in einen Eimer mit zehn Liter Wasser gefüllt werden. Ein bis zwei Tage gären lassen. Ackerschachtelhalmbrühe müssen Sie dann noch einmal ½ Stunde lang kochen, Brennesselbrühe können Sie gleich durchsieben und über die erkrankten Pflanzen spritzen. Schachtelhalmbrühe wird im Verhältnis 1 : 5 mit Wasser verdünnt und im Frühjahr mehrmals vorbeugend gespritzt. Auch aus Zwiebelschalen und Farnkraut kann man Brühen herstellen.

Extra-Tip:

Auch mit biologischen Giften, die zur Schädlingsbekämpfung verkauft werden, müssen Sie vorsichtig umgehen. Manche, wie zum Beispiel Margeritenextrakt, sind hochgiftig. Zuviel davon kann genauso Schaden anrichten wie die Chemie. Allerdings verfliegen die Biomittel meist schneller.

Kompost – das braune Gold des Gärtners

Ein Kompostplatz braucht viel Schatten. Am besten legen Sie ihn unter einem hohen Baum an.

Etwas Besseres als eine Kompostdüngung gibt es für Ihren Garten nicht. Der Boden wird dadurch nicht nur kurzfristig ergiebiger, sondern speichert die Nährstoffe langfristig.

Silos können Sie fertig kaufen oder selbst bauen. Sie sollten nur auf folgende Punkte achten: Die Seitenwände müssen luftdurchlässig, ein Boden darf nicht vorhanden sein, damit Regenwürmer und andere Tiere aus dem Boden in den Kompost kriechen können. Gefüllt wird der Kompost mit allen möglichen organischen Abfällen aus Küche und Garten, von der Filtertüte mit Kaffeesatz bis zum Heckenschnitt. Nur kranke Pflanzenteile und Fleischreste sind tabu.

Bei Trockenheit sollten Sie einen Kompost anfeuchten, bei sehr viel Nässe abdecken. Suchen Sie einen Schattenplatz.

Beginnen Sie jeden Komposthaufen mit einer etwa 20 cm dicken Schicht aus zerkleinerten Ästen. Wenn Sie ein wenig Erde dazwischenpacken, können die Regenwürmer leichter nach oben gelangen. Auch zwischendurch sollten Sie immer wieder Äste zur Auflockerung einschieben. Beim ersten Komposthaufen können Sie einen Kompostbeschleuniger (Fachhandel!) zugeben, damit die Verrottung schneller in Gang kommt.

Mulch – eine warme Decke für den Boden

Zum „natürlichen“ Gärtnern gehört auch das Mulchen. Das bedeutet nichts anderes, als daß alle freien Flächen im Garten mit einer dicken Schicht aus organischem Material bedeckt sind. Das kann eine Lage Kompost sein, aber auch Grasschnitt, welkes Laub oder Gehäckseltes. Solch eine Mulchschicht hat eine ganze Reihe von Vorteilen: Sie unterdrückt Unkraut, so daß Sie nicht mehr jäten brauchen; sie sorgt bei Trockenheit dafür, daß der Boden länger feucht bleibt; sie aktiviert das Bodenleben; sie verrottet nach einiger Zeit und dringt als kostbarer Humus in die Erde ein. Sie sparen also Arbeit, und Sie sparen Dünger.

Wenn Sie Ihre Beete zum ersten Mal mulchen, sollten Sie vorher noch einmal gründlich jäten. Ist kein Unkraut mehr zu sehen, packen Sie das Mulchmaterial als etwa drei Zentimeter dicke Schicht rings um die Pflanzen. Nur Grasschnitt darf nicht zu dick geschichtet werden. Er verfilzt sonst nach ganz kurzer Zeit zu einer unbrauchbaren, undurchlässigen Deckschicht.

An der Basis der Zwiebel sitzen die kleinen Brutzwiebeln. Sie werden abgenommen und an anderer Stelle im Garten eingepflanzt.

Zwiebeln sorgen selbst für Nachwuchs

Alle Zwiebel- und Knollenpflanzen vermehren sich von selbst: durch Brutzwiebeln oder Nebenknollen. Wenn nach einigen Jahren allerdings dichte Pflanzbüschel entstanden sind, nehmen sich die Zwiebeln/die Knollen gegenseitig die Nahrung und den Platz weg. Die Folge: Sie bekommen kleinere Blüten. Dann sollten Sie den ganzen Horst kurz nach der Blüte aus der Erde nehmen und die Zwiebeln voneinander trennen. Danach können sie auf mehrere Stellen des Gartens verteilt und neu eingepflanzt werden.

Stauden im Garten: Aus einer mach viele!

Stauden lassen sich ganz einfach vermehren: durch Teilung der Pflanze. Die beste Zeit ist der Herbst, wenn die oberirdischen Teile schon anfangen zu welken. Graben Sie die Pflanze vorsichtig aus, so daß keine Wurzeln beschädigt werden, und schütteln Sie möglichst viel von der Erde ab.

Dicke Stauden mit kräftigen, schon leicht verholzten Trieben können Sie oft mit bloßen Händen auseinanderreißen. Solche, die weiche Stiele haben wie der Rittersporn, werden am besten mit einem Messer in mehrere Stücke geschnitten. Polsterstauden trennen Sie mit dem Spaten. Entstehen beim Teilen größere Wunden an den Wurzeln, werden sie mit Holzasche eingerieben, damit sie später nicht faulen. Abgestorbene Wurzeln sollten Sie bei der Gelegenheit gleich mit abschneiden.

Am besten setzen Sie die Stauden dann an eine andere Stelle des Gartens – mit möglichst unverbrauchtem Boden.

Manchmal sind die Wurzeln der Staude so miteinander verflochten, daß sie sich nicht auseinanderreißen lassen. Versuchen Sie es dann mit zwei Grabegabeln, die Sie Rücken an Rücken in die Mitte des Wurzelballens stechen. Dann kräftig gegeneinanderdrücken und versuchen, die Stauden so voneinander zu trennen.

Mit einem feinen Pinsel können Sie den Pollen von einer Blüte auf die andere übertragen – und so eigene, neue Kreuzungen heranziehen.

Spielen Sie Biene: Werden Sie Blumenzüchter

Wer gern ein bißchen experimentiert, kann sich als Züchter versuchen. Dazu brauchen Sie nichts anderes zu tun, als selbst Biene zu spielen.

Nehmen Sie einen haarfeinen, ganz sauberen Pinsel, und heben Sie damit vorsichtig etwas vom Blütenstaub einer voll geöffneten Blüte ab. Nun übertragen Sie diesen Blütenstaub, die Pollenkörner, auf den Fruchtknoten, auf die reife Narbe, einer anderen Blüte. Daraus wächst dann die Frucht mit dem Samen, den Sie später wieder aussäen können. Besonders interessant sind solche Eigenversuche natürlich dann, wenn Sie Pflanzen mit unterschiedlichen Eigenschaften, mit verschiedenen Blütenfarben oder Größen, miteinander kreuzen. Das Ergebnis ist allerdings im Garten immer auch vom Zufall bestimmt – weil vielleicht gleichzeitig ja auch noch eine richtige Biene unterwegs ist...

Ein Werk von Menschenhand: gefüllte Blüten

Neben den immer neuen Blütenfarben sind gefüllte Blüten ein Ziel der Züchter – so wie hier die gefüllte, großblütige Tulpe 'West Frisia', deren Blüten an pralle Pfingstrosen erinnern. Sie blüht erst spät im Mai, leitet im Garten schon den Übergang zum Sommer ein. Einen schönen Kontrast zu dieser wunderschönen Tulpe bilden die niedrigen, himmelblauen Vergißmeinnicht.

Eine Orgie in drei Farben: Geschickt kombiniert sind enzianblauer Steinsame, rosarote Pfingstnelken, leuchtendgelbe Hungerblümchen. Ihre Gemeinsamkeiten: Sie mögen einen Platz an der Sonne und leicht sandigen Boden.

Was Sie schon immer über die schönsten Gartenblumen wissen wollten: 50 Porträts

Flower Power

Einjährige Sommerblumen

Atlasblume

Godetia

Wie Azaleen sehen die seidigglänzenden Blüten der Atlasblume aus. Leider sind sie regenempfindlich. In einem trockenen, schönen Sommer aber hält die einzelne Blüte wochenlang. Bei Atlasblumen gibt's die Wahl zwischen niedrigen und hohen Sorten, einfachen und gefüllten Blüten, in Weiß, Rosa, Rot, Purpur und auch zweifarbig. Die niedrigen sind ideal fürs Blumenbeet, die hohen als Schnittblumen. Für die Vase werden sie mit halbgeöffneten Blüten geschnitten.

Atlasblumen werden schon Mitte März an Ort und Stelle gesät, später auf 25 cm Abstand vereinzelt. Etwa acht bis zehn Wochen nach der Aussaat beginnen die ersten Pflanzen zu blühen. Voraussetzung allerdings ist ein nährstoffarmer Boden. Zu gut gefütterte, reichlich gedüngte Pflanzen entwickeln zwar viele Blätter, aber kaum Blüten.

Blütezeit: von Juni bis September.
Höhe: 30 bis 80 cm.
Standort: sonnig.
Boden: nährstoffarm, leicht sandig.
Vermehrung: Aussaat.

Bechermalve

Lavatera trimestris

In Südeuropa findet man Bechermalven als wildwachsende Büsche. Im Garten gehören sie zu den schönsten Sommerblühern. In dicken Büscheln sitzen die großen rosaroten oder weißen Blüten zusammen. Die Bechermalve ist relativ anspruchslos, sie braucht allerdings manchmal eine Stütze. Das einzige, was sie nicht verträgt, ist ein zu nasser Boden. Wer besonders viele Blüten schätzt, sollte Welkes sofort abschneiden. Dann bilden sich ständig neue Knospen. Als Schnittblume in der Vase hält die Bechermalve über eine Woche.

Blütezeit: von Juli bis Oktober.
Höhe: 90 bis 120 cm.
Standort: sonnig.
Boden: durchlässig, leicht kalkhaltig.
Vermehrung: Aussaat.

Chrysantheme

Chrysanthemum

Einjährige, Stauden und strauchartige Pflanzen gehören zur großen Gruppe der Chrysanthemen. Unter den kurzlebigen finden sich besonders viele Arten mit Wildcharakter (Foto: C. x spectabile 'Cecilie'), vor allem mit weißen, gelben und bräunlichen Blüten.
Chrysanthemen gibt es wildwachsend in allen Ländern der Erde. Besonders geachtet aber werden sie in Ostasien, in China und Japan. Dort beschäftigten sich die Gärtner schon vor Jahrtausenden mit der Zucht dieser Pflanze.
Die einjährigen Chrysanthemen sind anspruchslos, wachsen praktisch überall, wenn nur genügend Sonne scheint.

Blütezeit: von Juni bis September.
Höhe: 30 bis 70 cm.
Standort: sonnig.
Boden: jeder gute Gartenboden.
Vermehrung: Aussaat.

Elfenspiegel

Nemesia

Relativ spät, nämlich erst ab Juni, blüht diese stark verästelte Pflanze überwiegend in roten Farbtönen, aber auch orange, weiß, gelb.
Der Elfenspiegel, der eigentlich nie eine richtige Standard-Gartenpflanze wurde, eignet sich für Rabatten und Begrenzungen wie auch für Kübel. Die Aussaat erfolgt gegen Ende März, die etwas größeren Pflanzen werden in kleinen Gruppen pikiert (gute Belüftung verhindert, daß die Pflanzen zu sehr in die Höhe schießen) und Ende Mai an ihren endgültigen Standort ausgepflanzt.
Nach der ersten Blüte kann kräftig zurückgeschnitten werden, dann blüht die Pflanze ein zweites Mal.

Blütezeit: von Juni bis August.
Höhe: 20 bis 50 cm.
Standort: sonnig.
Boden: leicht, locker.
Vermehrung: Aussaat.

Goldrandblümchen

Sanvitalia procumbens

Das Goldrandblümchen – keineswegs ein Mauerblümchen! – ist eine niedrige, kriechende, bodendeckende Pflanze, die mit ihren hübschen orangefarbenen und fast schwarz gefüllten Blüten besonders in Gruppen zur Wirkung kommt. Gut macht es sich aber auch in einem bunten Sommerblumen-Beet, in dem es allerdings vorn stehen sollte.
Ausgesät wird entweder ab März in Kästen oder Anfang Mai gleich nach draußen. Durch Pikieren wird ein wachstumsfördernder Abstand von etwa 20 cm erreicht.
Diesen Pflanzen macht vorübergehende Trockenheit nicht viel aus, bei längeren regenarmen Perioden freilich muß kräftig gegossen werden. Gelegentliche Düngung kann die Blütezeit bis in den Herbst verlängern.

Blütezeit: von Juli bis Oktober.
Höhe: 15 bis 40 cm.
Standort: sonnig.
Boden: nährstoffreich, durchlässig.
Vermehrung: Aussaat.

Kapkörbchen

Dimorphoteca

Vorausgesetzt, es ist ein Sonnen-Sommer, gehört das Kapkörbchen zu den blühwilligsten Gartenpflanzen überhaupt.
Bei Regen jedoch schließen sich die etwa 6 cm großen zumeist orangefarbenen Blüten unwillig...
Wunderschön wirkt ein ganzes Beet, dicht bepflanzt mit Kapkörbchen.
Die Pflanze stellt keine unüberwindlichen Ansprüche an den Boden, ihr Wasserbedarf hält sich in Grenzen.
Sie wird ab Mitte März in Kästen (das verspricht eine frühe Blüte) oder ab Anfang Mai direkt ins Freiland gesät. Der Pflanzen-Abstand sollte etwa 20 cm betragen.

Blütezeit: von Juni bis August.
Höhe: 15 bis 40 cm.
Standort: sonnig.
Boden: sandig.
Vermehrung: Aussaat.

Löwenmäulchen

Antirrhinum majus

Das Löwenmäulchen gehört zu den beliebtesten Gartenblumen. Vielleicht, weil sich mit den Blüten so herrlich spielen läßt. Die Farbtöne dieser Blüten sind rot, gelb, orange, braun. Die Pflanze eignet sich fürs Beet ebenso wie für Balkonkästen und als Wegbegrenzung.
Im August gesät und im Winter gut geschützt, blüht das Löwenmäulchen schon ab Mitte Mai des nächsten Jahres.

Blütezeit: von Mai bis September.
Höhe: 20 bis 100 cm.
Standort: sonnig.
Boden: nährstoffreich, locker, kalkhaltig.
Vermehrung: Aussaat.

Mittagsblume

Dorotheanthus/ Mesembryanthemum

Unter dem Namen Mittagsblume sind zwei Pflanzengattungen, deren Vertreter sich zum Verwechseln ähneln. Beide zusammen werden oft als bunte Mischung verkauft, mit weißen, gelben oder rötlichen Blüten. Mittagsblumen sind Sonnenkinder; an trüben Tagen öffnen sich die Blüten kaum. Im Steingarten fühlen sich die Pflanzen genauso wohl wie am Wegrand und vorn im Blumenbeet. Die Sämlinge sind empfindlich. Deshalb sollte man im Haus oder Frühbeet vorziehen und im Mai auspflanzen.

Blütezeit: von Juni bis August.
Höhe: 10 bis 25 cm.
Standort: sehr sonnig.
Boden: durchlässig, kalkhaltig.
Vermehrung: Aussaat.

Mittagsgold

Gazania-Hybride

Botanisch gesehen gehört das Mittagsgold zu den sogenannten Halbsträuchern. Bei uns wird die sonnenhungrige Sommerblume meist einjährig gehalten. Mit etwas Glück aber, nach einem milden Winter, erscheint die Pflanze im nächsten Jahr wieder. Aber: Es muß schon sehr früh ausgesät werden, möglichst im Januar. Gazanien haben große Korbblüten in Gelb-, Orange- und Bronzetönen, mit einem dunklen Ring an der Basis. Damit sich auch alle Blüten öffnen, muß den Sommer über reichlich gegossen und regelmäßig gedüngt werden. Aber: Vorsicht vor Staunässe.

Blütezeit: von Juni bis Oktober.
Höhe: etwa 20 cm.
Standort: sehr sonnig.
Boden: nährstoffreich, durchlässig, leicht kalkhaltig.
Vermehrung: Aussaat.

Portulak

Portulaca grandiflora

Ein wenig in Vergessenheit geraten ist diese kleine Pflanze. Vielleicht liegt es daran, daß sie einen schönen, warmen Sommer braucht, um die Fülle ihrer rosenartigen Blüten zu zeigen. Im Balkonkasten kommt sie häufiger vor. Im Garten wächst sie vor allem auf Trockenmauern, in Steingärten - ein richtiges Mauerblümchen. Knapp 20 cm wird die Pflanze hoch, breitet ihre Triebe flach auf dem Boden aus. Ihre Blüten sind, je nach Sorte (im Foto: 'Sunnyside Double Orchid') rosa oder karminrot.
Übrigens: Bienen fliegen auf Portulak!

Die Pflanzen können selbst ausgesät oder auch vorgezogen in der Gärtnerei gekauft werden. Immer aber sollten sie erst bei warmen Wetter, Ende Mai, in den Garten kommen.

Blütezeit: von Juni bis August.
Höhe: etwa 20 cm.
Standort: sonnig, warm, windgeschützt.
Boden: nährstoffarm, sandig, trocken.
Vermehrung: durch Aussaat.

Ringelblume

Calendula officinalis

Mit „beschwingt und heiter“ läßt sich die Ringelblume wohl am treffendsten beschreiben. Sie ist eine der schönsten Sommerblumen. Zudem verlangt sie nur sehr wenig Pflege. Und: Sie sät sich über viele Jahre hinweg selbst aus.
Die Ringelblume gibt es in verschiedenen Blütenformen und Größen, in Gelb- und Orangetönen. Das bedeutet: Sie läßt sich überall im Garten - aber auch auf der Terrasse, im Balkonkasten – als Gestaltungsmittel einsetzen. Und als Schnittblume verwenden. Übrigens: Ringelblumen kann man auch blühend verpflanzen. Sie sind ideale Lückenfüller.
Lediglich bei großer Hitze oder während längerer Trockenperioden muß mehr und häufiger als üblich gegossen werden.

Blütezeit: von Mai bis Sept./Oktober.
Höhe: 30 bis 80 cm.
Standort: sonnig, halbschattig.
Boden: kalkhaltig, eher trocken.
Vermehrung: Aussaat, Selbstaussaat.

Sommeraster

Callistephus chinensis

Kaum ein Garten, in dem nicht eine Aster steht. Das Angebot ist groß, es reicht von Zwergen bis zu Riesen, mit kleinen Blüten bis zu recht großen.
Beliebt und begehrt ist die Sommeraster als Schnittblume. Während der Gartenbesitzer sie hierzu nur den Sommer über verwenden kann, hat der Blumenhändler sie dank modernster Züchtungsmethoden ganzjährig vorrätig.
Selbst blühende Astern lassen sich problemlos verpflanzen. Aber alle zwei Jahre sollte der Standort gewechselt werden, weil das der nicht gerade beliebten Asternwelke wirkungsvoll entgegentritt. Grundsätzlich sollten Jungpflanzen nach den Eisheiligen ins Beet kommen. In heißen Sommern muß viel gegossen werden. Am schönsten blühen solche Pflanzen, die jede Woche gedüngt werden.

Blütezeit: von Juli bis Oktober.
Höhe: 20 bis 80 cm.
Standort: sonnig.
Boden: nährstoffreich, kalkhaltig.
Vermehrung: Aussaat.

Sonnenblume

Helianthus annuus

Sie ist das Symbol des strahlenden Sommers schlechthin. Mit ihren mächtigen, strahlendgelb leuchtenden Blüten blickt sie oft aus großer Höhe gnädig herab auf das restliche Fußvolk im Garten: die Sonnenblume.

Superexemplare können bis zu vier Meter hoch werden, ihr Blütendurchmesser kann fast 50 cm betragen.

Sonnenblumen eignen sich ausgezeichnet als Solitärpflanzen, aber auch wenn sie in Gruppen stehen, tut das ihrer Schönheit keinen Abbruch. Sie lassen sich als Sichtschutz verwenden und beleben Wände oder Mauern. In einer standfesten Bodenvase schmücken sie jedes dunkle Zimmer.

Bienen und Hummeln tummeln sich begeistert in den Blüten, die Kerne sind im Winter ein äußerst begehrtes Vogelfutter.

Sonnenblumen brauchen Sonne, natürlich, und sie müssen möglichst feucht gehalten werden. Regelmäßiges Düngen fördert ihre Entwicklung nachhaltig.

Die Aussaat kann schon Ende April an Ort und Stelle erfolgen. Es empfiehlt sich, immer zehn oder mehr Samenkörner zusammen auszulegen und später nur die kräftigste Pflanze stehenzulassen. Schwache Sämlinge sollten an anderer Stelle eine weitere Chance erhalten. Das klappt fast immer.

Blütezeit: von August bis Oktober.
Höhe: bis zu 4 m.
Standort: sonnig.
Boden: nährstoffreich, kalkhaltig.
Vermehrung: Aussaat.

Zweijährige Sommerblumen

Fingerhut

Digitalis

Der Fingerhut ist genau das Richtige für einen Naturgarten: Einmal ausgesät, vermehrt er sich von selbst, verwildert mit der Zeit. Besonders schön sehen die hohen Blütenstände mit ihren leuchtenden Farben vor einem dunklen Hintergrund, vor Bäumen, Sträuchern, Farnen aus. Der Fingerhut gedeiht selbst an Schattenplätzen. Allerdings werden die Pflanzen dann nicht so hoch. Bevor aber der Fingerhut in den Garten gesät wird, sollte dies unbedingt berücksichtigt werden: Die meisten Arten dieser Pflanze sind sehr giftig.

Ausgesät wird wie bei den meisten zweijährigen im Sommer, im Juni. Wichtig ist, daß der Boden bis zur Keimung stets gleichmäßig feucht gehalten wird. Im August kommen die Pflänzchen an ihren endgültigen Platz. Besondere Pflege brauchen die Pflanzen den Sommer über nicht. Wird die Pflanze nach der Blüte kräftig zurückgeschnitten, treibt sie neu aus und blüht im Herbst ein zweites Mal. Fingerhut gibt es in Weiß, Creme und Gelb, mit roten und purpurfarbenen Glockenblüten (Foto: D. purpurea).

Blütezeit: von Juni bis August.
Höhe: 50 bis 150 cm.
Standort: halbschattig bis schattig.
Boden: normaler Gartenboden, nicht zu trocken, kein Kalk.
Vermehrung: Aussaat.

Glockenblume

Campanula

Überall in Europa ist die Marienglockenblume (C. medium), die bekannteste zweijährige Art, zu Hause. Mit ihren hohen Stielen und den großen, weit geöffneten Glockenblüten schmückt sie jedes Blumenbeet und jede Vase. Die ursprüngliche Art blüht hellviolett; inzwischen gibt es aber auch Züchtungen in weiß (im Foto die Sorte 'Alba'), in rosa und sogar gestreift. Zweijährige Glockenblumen brauchen nach der Aussaat einen leichten Frostschutz.

Blütezeit: von Juni bis Juli.
Höhe: 60 bis 100 cm.
Standort: sonnig bis halbschattig.
Boden: nährstoffreich, durchlässig.
Vermehrung: Aussaat.

Goldlack

Cheiranthus cheiri

Er gehört zu den altbekannten Bauerngartenpflanzen, kann mit seinem Duft einen Garten verzaubern. Die Farbskala des Goldlacks reicht vom hellen Gelb über Orange und Braun bis hin zum tiefen Violett. Als Frühlings- und Frühsommerblüher paßt er gut zu Tulpen und Vergißmeinnicht, zu Stiefmütterchen und Hyazinthen.
Goldlack ist eigentlich ein sogenannter Halbstrauch, dessen Triebe leicht verholzen. Bei uns wird er aber fast immer als zweijährige Pflanze gehalten. Er kann aber mehrere Winter überdauern.
Im Winter müssen die Pflanzen vor strengem Frost, aber auch vor Kaninchenfraß geschützt werden. In trockenen Sommern ist häufiges Gießen nötig.

Blütezeit: von April bis Juni.
Höhe: 25 bis 60 cm.
Standort: sonnig bis halbschattig.
Boden: durchlässig, kalkhaltig
Vermehrung: Aussaat.

Ochsenzunge

Anchusa

Vergißmeinnichtblaue Blüten hat die Ochsenzunge aus der Familie der Boretschgewächse. Allein als dicker blauer Farbfleck wirken die Pflanzen genauso gut wie in Kombination mit gelben, weißen oder rosa Sommerblumen. Allerdings sollten ihre Begleiter auch Wildcharakter haben.
Die Anzucht der Pflanzen ist unkompliziert. Sie brauchen lediglich in strengen Wintern eine Schutzabdeckung.

Blütezeit: von Juni bis September.
Höhe: 50 bis 150 cm.
Standort: sonnig bis halbschattig.
Boden: nicht zu feucht, kalkarm.
Vermehrung: Aussaat, Wurzelstecklinge.

Scheinmohn

Meconopsis

Typisch für ein Mohngewächs ist die Form der Blüten, ganz ungewöhnlich aber deren himmelblaue Farbe. Zu Hause ist der Scheinmohn in Asien, in Tibet, China und Nepal. Zweijährige und Stauden finden sich in der Gattung. Da aber die Stauden in unserem Klima nicht ganz winterhart sind, werden sie ebenfalls als Zweijährige kultiviert.
Die höheren Arten des Scheinmohns sind schöne, allerdings kurzlebige Schnittblumen. Die niedrigeren machen sich gut in Steingärten. Scheinmohn vermehrt sich durch Selbstaussaat. Sollen solche selbstangesiedelten Pflänzchen umgesetzt werden, müssen die Wurzeln vorsichtig behandelt werden. Sie brechen sehr leicht ab.

Blütezeit: von Juni bis Oktober.
Höhe: 30 bis 120 cm.
Standort: sonnig bis halbschattig.
Boden: sandig, kalkfrei, feucht.
Vermehrung: Aussaat, Teilung.

Stockmalve

Alcea rosea

Stockmalven oder Stockrosen, wie sie auch genannt werden, bringen einen ländlichen Charme in den Garten. Seit über 400 Jahren werden sie kultiviert, gehören mit zu den bekanntesten Bauerngartenpflanzen. Der beste Platz für die Riesen mit der meterlangen Blütenähre ist eine windgeschütze Hauswand. Einen Stützstab brauchen sie trotzdem.
Stockmalven werden im Frühsommer ausgesät, im Herbst an Ort und Stelle verpflanzt. Dabei darf die lange Pfahlwurzel nicht beschädigt werden. Im nächsten Jahr blühen sie in Weiß, Rosa, Rot, Lila.

Blütezeit: von Juli bis September.
Höhe: bis 300 cm.
Standort: sonnig, windgeschützt.
Boden: nährstoffreich, durchlässig, nicht zu trocken.
Vermehrung: Aussaat.

Vergißmeinnicht

Myosotis

Zwar gibt es einige Vergißmeinnichtarten, die den ganzen Sommer über blühen. Die meisten aber haben ihre Hochsaison im Frühjahr, gemeinsam mit Primeln und Tulpen. Dann verwandeln sie ganze Gartenflächen in ein blaues Blütenmeer. Besonders dekorativ sehen sie auch als Wegbegleiter und in flachen Schalen aus.
Vergißmeinnicht sind zwar anspruchslos, aber frostempfindlich. Die im Sommer ausgesäten Pflanzen brauchen unbedingt einen Winterschutz. Noch sicherer ist eine Überwinterung im Frühbeet und ein Auspflanzen erst im nächsten Frühjahr.

Blütezeit: von April bis Juni.
Höhe: 10 bis 40 cm.
Standort: halbschattig, windgeschützt.
Boden: nährstoffreich, leicht lehmig, nicht zu trocken.
Vermehrung: Aussaat.

Stauden

Adonisröschen

Adonis

Schon 300 Jahre v. Chr. war das Adonisröschen bekannt und wurde als Heilpflanze in der Medizin angewandt. Selbstversuche sollten nicht unternommen werden: Die Pflanze ist sehr giftig. In der Natur wächst das Adonisröschen auf Heidewiesen und in lichten Kiefernwäldern. Das Sammeln allerdings ist verboten: Die Pflanze steht unter Naturschutz. Stauden für den Garten aber werden zur Pflanzzeit im Frühjahr oder Herbst in jeder Gärtnerei angeboten. Die niedrigen Pflanzen passen gut in den Steingarten, auf Trockenmauern, an den Rand von Plattenwegen. Wenn sie dort ungestört sind, wachsen sie zu dichten grünen Büschen heran. Neben den beiden Stauden-Arten, dem europäischen Adonisröschen A. vernalis (Foto) und dem frühblühenden asiatischen A. amurensis werden für den Garten auch einjährige Arten wie das Sommerblutströpfchen, A. aestivalis, und das Herbstfeuerröschen, A. annua, kultiviert.

Blütezeit: von Februar bis Mai.
Höhe: 15 bis 40 cm.
Standort: sonnig.
Boden: durchlässig, kalkhaltig.
Vermehrung: Aussaat, Teilung.

Aster

Aster

Kugelige Büsche mit Körbchenblüten übersät oder hochwachsende Schnittblumen – Astern können ganz unterschiedliche Wuchsformen zeigen. Und sie können, je nach Art, im Frühjahr, Sommer oder Herbst blühen (Foto: Aster tongolensis, Blütezeit: im Frühsommer). Nach der Blütezeit richtet sich der Standort: Die Frühblüher mögen einen leicht feuchten Boden, Spätblüher stehen lieber trockener.
Astern wachsen kräftig und breiten sich oft so aus, daß sie schwächere Pflanzen unterdrücken. Dann sollte beim Umpflanzen ein Teil aussortiert werden.

Blütezeit: von Mai bis Oktober.
Höhe: 25 bis 150 cm.
Standort: sonnig.
Boden: durchlässig, kalkhaltig.
Vermehrung: Teilung.

Christrose

Helleborus niger

Helleborus-Arten gibt es eine ganze Reihe. Aber nur eine von ihnen, die Christrose, blüht mitten im Winter, zur Weihnachtszeit. Zuerst sind die Schalenblüten cremigweiß, später verfärben sie sich grünlich oder rosa. Bis zu drei Stück sitzen an einem Blütenstiel.
Christrosen pflanzt man am besten im Frühjahr, etwa im April. Sie brauchen einige Jahre, bis sie im Garten heimisch sind. Dann aber wachsen sie zu kräftigen Pflanzen heran. Läßt die Blüte irgendwann nach, sollten sie aufgenommen, geteilt und neu eingepflanzt werden.

Blütezeit: von Dezember bis März.
Höhe: 20 bis 30 cm.
Standort: halbschattig bis schattig.
Boden: nährstoffreich, feucht.
Vermehrung: Aussaat, Teilung.

Geißbart

Aruncus dioicus

Der Geißbart ist eine der wenigen Stauden, von denen es männliche und weibliche Pflanzen gibt. Stehen beide zusammen, säen sie sich von selbst aus. Aber auch als einzelne Pflanze, als Solitär, bietet ein Geißbart mit seinen federbuschartigen, gelbweißen Blütenrispen einen imponierenden Anblick.
Am Teich, vor Sträuchern und Bäumen, im Staudenbeet – Geißbart wächst überall, wenn der Boden nur nicht zu trocken ist.
Die üblichen Pflanzzeiten sind Frühjahr und Herbst; nur in rauhen Lagen ist die Frühjahrspflanzung vorzuziehen. Pflege braucht ein Geißbart kaum. Er wird ganz von allein von Jahr zu Jahr schöner.

Blütezeit: von Juni bis Juli.
Höhe: 100 bis 200 cm.
Standort: halbschattig bis schattig.
Boden: nährstoffreich, feucht.
Vermehrung: Aussaat, Teilung.

Enzian

Gentiana

Zwar heißt es im Volkslied, daß der Enzian blau blüht – es gibt aber neben den tiefblauen auch weiße, gelbe, gefleckte und gestreifte Arten. Enzian läßt sich aus Samen anziehen, besser aber als fertige Pflanze beim Gärtner kaufen. Auf keinen Fall darf Enzian im Gebirge ausgegraben werden. Die Pflanzen wachsen anschließend im Garten nicht weiter – und verboten ist die Selbstbedienung auch.
Enzian ist ein schwieriger Gartenbewohner. Er hat ganz spezielle Wünsche an die Erde, die Feuchtigkeit, ans Licht. Zwar heißt es immer, daß er auch im Halbschatten gedeiht – wirklich gut aber blühen die Pflanzen nur in der Sonne. Enzian sollte im Steingarten stehen.

Blütezeit: von Mai bis Oktober.
Höhe: 10 bis 25 cm.
Standort: sonnig.
Boden: lehmig, feucht, kalkhaltig.
Vermehrung: Aussaat (schwierig).

Glockenblume

Campanula

Glockenblumen bringen eine romantische Note in den Garten. Oft siedeln sie sich von allein an, wachsen plötzlich auf Wiesen, unter Hecken. Neben den Stauden gehören auch zweijährige Arten zur großen Familie, polsterbildende Steingartenpflanzen, aber auch hohe Schnittblumen. Die wichtigsten langlebigen Arten sind die Karpatenglockenblume (C. carpatica), eine rasenbildende Art, die hohe Knäuelglockenblume (C. glomerata), die mehrmalsblühende Teppichglockenblume (C. portenschlagiana, Foto) und die pfirsichblättrige Glockenblume (C. persicifolia).

Blütezeit: von Juni bis August.
Höhe: 15 bis 150 cm.
Standort: sonnig bis schattig.
Boden: nährstoffreich, durchlässig.
Vermehrung: Aussaat, Teilung.

Lampionblume

Physalis

Im frühen Sommer hat die Lampionblume noch nicht allzuviel zu bieten: Ihre kleinen weißen Blüten sind kaum zu sehen. Im Herbst aber zeigt sie, was sie hat: rote Früchte, die in leuchtenden, blasenförmigen Hüllen sitzen. Diese Fruchtstände sind ein beliebtes Zubehör für Trockensträuße. Sie können aber auch den Garten den ganzen Winter über schmücken.
Lampionblumen sollten immer im Frühjahr gepflanzt werden. Im späten Herbst brauchen sie Winterschutz, da sie etwas frostempfindlich sind.

Blütezeit: von Mai bis Juli, im September sind die Früchte ausgebildet.
Höhe: 60 bis 100 cm.
Standort: sonnig bis halbschattig.
Boden: nährstoffreich, kalkhaltig.
Vermehrung: Aussaat, Teilung.

Lupine

Lupinus

Eine beachtliche Karriere: Von der Futterpflanze wurde die Lupine zu einer geschätzten Zierpflanze. Verständlich, denn die charakteristische Blütenkerze kommt in fast allen Farben vor.
Lupinen gibt es als Stauden wie auch als Einjährige. Nicht alle sind winterfest, es empfiehlt sich daher, sie grundsätzlich vor der kalten Jahreszeit etwas abzudecken.
Gepflanzt werden sollte zur üblichen Staudenpflanzzeit: im Herbst oder frühen Frühjahr. Dabei ist es wichtig, die Pflanzen gut in der Erde anzudrücken. Im April ausgesäte Pflanzen blühen erst im kommenden Jahr.
Verblühte Lupinen sehen nicht sehr attraktiv aus. Sie sollten deswegen umgehend zurückgeschnitten werden. Das hat auch den Vorteil eines weiteren Austriebs. Lupinen wirken besonders in Gruppen.

Blütezeit: von Juni bis Juli.
Höhe: bis ca. 100 cm.
Standort: sonnig, windgeschützt.
Boden: durchlässig, sauer; nicht kalkhaltig.
Vermehrung: Stecklinge, Aussaat.

Mohn

Papaver

Wer im deutschen Schlager Eingang findet, muß wohl was aufzuweisen haben: Der Mohn hat's sicher durch seine vielen Arten und Sorten und noch mehr Farben und Größen. Zudem ist er eine sehr dankbare, weil pflegeleichte Pflanze, die – in kleine oder auch größere Tuffs gesetzt – hervorragend zur farblichen Gestaltung eines Gartens geeignet ist. Blütezeit ist das Frühjahr.
Aus dem bei uns üblichen Türkischen Staudenmohn ist es übrigens nicht möglich, Opium herzustellen. Wer also Mohn im Garten hat, bei dem wird die Polizei deswegen kein Dauergast sein...

Blütezeit: von Mai bis Juni.
Höhe: 10 bis 120 cm.
Standort: vollsonnig.
Boden: nährstoffreich, durchlässig.
Vermehrung: Aussaat.

Nelke

Dianthus

Wer kennt die Arten, nennt die Namen der Nelken, die sowohl im Garten als auch in der Vase so beliebt sind? Empfehlenswert sind alle Nelkenarten, besonders aber die duftende Pfingstnelke, die polsterartige Federnelke (Foto), die anspruchslose Heidenelke.
Nelken eignen sich als Bodendecker wie auch fürs Schnittblumenbeet.
Sie werden ab März gepflanzt oder im Herbst, einige Arten sollten vor zu strenger Winterkälte geschützt werden. Es gibt niedrige und hohe Arten, und im Gebirge kommen hängende vor.

Blütezeit: von Mai bis Juli.
Höhe: 5 bis 70 cm.
Standort: sonnig.
Boden: nährstoffreich, durchlässig, kalkhaltig.
Vermehrung: Teilung, Aussaat.

Pfingstrose

Paeonia

Seit vielen Jahren, seit Generationen eigentlich, ist die Beliebtheit der Pfingstrose in unseren Gärten ungebrochen. Das mag daher kommen, daß die großen gefüllten Blüten zusammen mit dem imponierenden Wuchs als Busch gleichsam alle Blicke sofort auf sich ziehen.
Dabei ist gerade die Pfingstrose nicht unbedingt eine pflegeleichte Pflanze.
Sie wird im September gepflanzt und dabei mit nicht mehr als 5 cm Erde bedeckt. Der erste Standort sollte ein endgültiger sein: Die Pfingstrose kann dort bis zu 20 Jahre stehenbleiben, und sie wird immer schöner – wenn sie regelmäßig gedüngt wird (mit Rindenhumus, Torf, Stallmist oder Kompost) und fleißig gegossen, zumindest während einer längeren Trokkenperiode und an Tagen ungewöhnlich großer Hitze. Höhere Sorten benötigen unbedingt eine Stütze. Wer große Blüten wünscht, sollte regelmäßig die Seitenknospen entfernen, wer mehr Wert auf Masse legt, kann sich diese Arbeit ersparen. In jedem Fall jedoch ist etwas Geduld vonnöten: Bis zur ersten Blüte können bis zu fünf Jahre vergehen.

Blütezeit: von Juni bis Juli.
Höhe: bis zu 100 cm.
Standort: vollsonnig.
Boden: nährstoffreich, lehmig; eine Drainage ist empfehlenswert.
Vermehrung: Wurzelteilung.

Rittersporn

Delphinium

Hauptfarben dieser Staude sind alle Blautöne, weiße und rosa Sorten gibt es aber auch. Damit lassen sich herrliche Kombinationen im Sommergarten zusammenstellen.
Im Frühjahr oder Herbst wird gepflanzt, während der Wachstumszeit ist auf regelmäßiges Gießen zu achten. Größere Stauden knicken leicht um, sie müssen gestützt werden. Es kann mit einer zweiten Blüte (im September) gerechnet werden, wenn nach der ersten die Blütentriebe bis auf etwa 10 cm zurückgeschnitten werden.
Der Rittersporn wirkt alleinstehend – als Solitärpflanze – sehr gut, er verliert seine Wirkung aber auch in Rabatten z. B. mit Lilien, Rosen oder Margeriten nicht.

Blütezeit: von Juli bis September.
Höhe: 100 bis 150 cm.
Standort: sonnig bis halbschattig.
Boden: jeder gute Gartenboden.
Vermehrung: Aussaat, Teilung.

Schleierkraut

Gysophila

Es sind die zahlreichen, zierlichen Blüten, scheinbar schwebend wie ein Schleier, die dieser Staude ihren romantischen Namen gaben. Die zur Bepflanzung von Steingärten, Beeten, sogar Mauern geeigneten Pflanzen haben kleine weiße oder rosa Blüten. Eine fleischige Pfahlwurzel fördert Feuchtigkeit auch bei trockenen Böden.
Schleierkraut wird oft zusammen mit dem duftenden Lavendel gepflanzt, sieht aber auch sehr hübsch als Bodendecker im Rosenbeet aus. Neben den Staudenarten G. paniculata und G. repens (Foto) gibt es auch einjährige Arten.

Blütezeit: von Juli bis August.
Höhe: 10 bis 50 cm, einige Arten bis zu 150 cm.
Standort: sonnig.
Boden: kalkhaltig, relativ trocken.
Vermehrung: Aussaat, Stecklinge, Teilung.

Sonnenauge

Heliopsis

Unverkennbar ist die nahe Verwandtschaft mit der Sonnenblume: Die leuchtendgelben Blüten machen's.
Das Sonnenauge ist sehr (und sehr lange!) blühfreudig, ungemein standfest und kann jahrelang am gleichen Platz bleiben. Werden verwelkte Blütentriebe zurückgeschnitten, erfolgt prompt die zweite Blüte. Lediglich verstärktes Gießen bei langer Trockenheit ist vonnöten.
Das Sonnenauge eignet sich vorzüglich für Rabatten und für Bauerngärten.
Die Pflanze wird ab März in einem Abstand von ca. 60 cm gepflanzt.

Blütezeit: von August bis Oktober.
Höhe: 50 bis 150 cm.
Standort: sonnig.
Boden: nährstoffreich.
Vermehrung: Stecklinge, Teilung.

Storchschnabel

Geranium

Die Früchte dieser Pflanze machen deutlich, woher der Name „Storchschnabel" kommt.
Der Storchschnabel eignet sich gut für Staudenrabatten und Steingärten. Und er ist sehr beliebt, wenn es gilt, kleine Abhänge, Hügel – z. B. in Terrassengärten – attraktiv zu bepflanzen. Auch in Balkonkästen macht er sich gut.
Winterschutz ist nötig.
Diese niedrigbleibende Staude mit Blüten in verschiedenen Rosa- und Blautönen kann ab März an ihren endgültigen Standort gepflanzt werden, der Pflanzabstand sollte etwa 25 cm betragen. Eine Teilung kann ebenfalls im März erfolgen.

Blütezeit: von Juni bis August.
Höhe: 20 bis 30 cm.
Standort: sonnig bis halbschattig.
Boden: feucht, humushaltig.
Vermehrung: Teilung, Selbstaussaat.

Taglilie

Hemerocallis

Der Name sagt es: Die Blüten der Taglilie öffnen sich nur tagsüber, und sie leben auch nicht sehr lange. Aber: Die zahlreichen Knospen brechen nacheinander auf, das verlängert die Gesamtblütezeit.
Diese Pflanze aus der Familie der Liliengewächse steht gern an Ufern, zumindest braucht sie einen feuchten Boden.
Die Taglilie ist anspruchslos, sie kann jahrelang am selben Standort bleiben. Erfolgt die Vermehrung durch Teilung des Erdstamms, geschieht das im Frühjahr oder nach der Blüte.

Blütezeit: von Mai bis September.
Höhe: 30 bis 100 cm.
Standort: sonnig bis schattig.
Boden: feucht; wenn trocken, dann sollte hohe Luftfeuchtigkeit herrschen.
Vermehrung: Aussaat, Teilung.

Tränendes Herz

Dicentra

Dank seiner Blütenform gehört das Tränende Herz wohl zu den bekanntesten Gartenpflanzen. Die Blütenform macht auch, daß diese Staude eigentlich nie falsch steht, sie überzeugt überall durch ihr attraktives Aussehen. Allerdings: Die Dicentra spectabilis (Foto) wirkt verblüht nicht mehr so schön, weshalb sie in Beeten vorzugsweise hinten stehen sollte.
Diese Art ist übrigens winterfest, sollte aber geschützt werden.
Es empfiehlt sich, das Tränende Herz während der Blütezeit bei stärkerem Wind oder längerem Regen abzustützen.

Blütezeit: von Juni bis September.
Höhe: 20 bis 70 cm.
Standort: halbschattig bis schattig.
Boden: humushaltig, feucht.
Vermehrung: Stecklinge, Wurzelteilung.

Zwiebel- und Knollengewächse

Blumenrohr

Canna-Indica-Hybride

Mit ihren riesigen Blättern und den auffallenden Blüten ist das Blumenrohr in jedem Garten eine Augenweide. Die üblichen Sorten werden recht hoch, 120 bis 150 cm. Sie sollten als Blickpunkt in kleinen Gruppen zusammenstehen. Es gibt aber auch Zwerge, 50 bis 70 cm hoch.
Leider macht das Blumenrohr etwas Mühe, weil es nicht winterhart ist. Im März kommen die knollenartigen Wurzeln in Töpfe, müssen hell und warm stehen. Ausgepflanzt wird erst Mitte Mai. Den Sommer über reichlich gießen und düngen. Nach dem ersten Herbstfrost schneidet man die Triebe ab, holt die Knollen aus der Erde und überwintert sie in leicht feuchtem Sand bei etwa 10 bis 12°C. Im März beginnt der Kreislauf von neuem.

Blütezeit: von Juni bis Oktober.
Höhe: 50 bis 150 cm.
Standort: sonnig, windgeschützt.
Boden: nährstoffreich, leicht feucht.
Vermehrung: Teilung der Knollen.

Dahlie

Dahlia-Hybride

Tausende von Dahliensorten gibt es: mit einfachen und gefüllten, mit ballförmigen und kaktusähnlichen Blüten, in einer breiten Farbskala von Weiß bis Violett (Foto: Kaktusdahlie 'Flamenco Queen'). Die ganz hohen Sorten benötigen einen Stützstab.
Ausgepflanzt werden die frostempfindlichen Knollen erst Mitte Mai. Im Oktober kommen sie wieder ins Haus, überwintern trocken bei 4 bis 5°C. Damit Dahlien kräftig wachsen und blühen, dürfen sie nicht zu eng stehen und müssen häufig gedüngt werden.

Blütezeit: von Juli bis Oktober.
Höhe: 25 bis 200 cm.
Standort: sonnig.
Boden: nährstoffreich.
Vermehrung: Knollenteilung, Stecklinge angetriebener Knollen.

Hyazinthe

Hyacinthus orientalis

Weiß, cremefarben, gelb, rosa, rot, hellblau oder tiefviolett sind die dicken Blütenkerzen der Hyanzinthen. Und alle verströmen sie einen zarten Duft. Am schönsten sehen Hyazinthen in Gruppen aus. Die Zwiebeln kommen im Herbst in die Erde. In rauhen Gegenden sollte man die Pflanzstellen abdecken. Aber: Der Winterschutz muß im März abgenommen werden, sonst treiben die Zwiebeln zu früh aus. Hyazinthen können viele Jahre im Boden bleiben. Ihre Blüte aber läßt nach. Deshalb pflanzt man am besten in jedem Herbst neue Zwiebeln dazu.

Blütezeit: von April bis Mai.
Höhe: 20 bis 30 cm.
Standort: sonnig bis halbschattig.
Boden: nährstoffreich (ohne Stallmist).
Vermehrung: Brutzwiebeln.

Kaiserkrone

Fritillaria imperialis

Der Geruch ihrer Zwiebeln soll Wühlmäuse in die Flucht schlagen. Funktioniert dieser Trick nicht, hat man immer noch stattliche Blumen mit majestätischer Blütenkrone im Garten.
Neben der Kaiserkrone gibt es noch eine zweite bekannte Fritillaria-Art: die Schachbrettblume (Fritillaria meleagris). Ihr besonderes Kennzeichen sind schachbrettartig gemusterte Blütenglöckchen. Alle Fritillarien bekommen nach der Blüte sehr schnell gelbe Blätter. Setzen Sie andere Pflanzen davor, so daß Welkes verdeckt wird. Die Zwiebeln kommen im Herbst in die Erde, können dort viele Jahre bleiben, brauchen aber eine leichte Winterabdeckung. Die Schachbrettblume mag feuchtere Böden als die Kaiserkrone.

Blütezeit: von März bis Mai.
Höhe: 20 cm (Schachbrettblume) bis 100 cm (Kaiserkrone).
Standort: sonnig bis halbschattig.
Boden: nährstoffreich, durchlässig.
Vermehrung: Brutzwiebeln, Aussaat.

Krokus

Crocus

Frühlingskrokusse verwandeln einen Rasen in ein Blumenmeer; Herbstkrokusse bringen Farbtupfer in den Steingarten. Außerdem unterscheidet man zwischen großblumigen Gartenkrokussen (Crocus vernus) und frühblühenden botanischen Krokussen (z. B. Crocus chrysanthus; Foto). Viele der botanischen Krokusse verwildern mit der Zeit. Wer Krokusse in den Rasen setzt, muß im Frühjahr mit dem Mähen warten, bis alle Blätter verwelkt sind.

Blütezeit: von Februar bis April bzw. September bis November.
Höhe: 10 bis 20 cm.
Standort: sonnig bis halbschattig.
Boden: normale Gartenerde.
Vermehrung: Brutzwiebeln.

Lilie

Lilium

Lilien gehören zu den schönsten und gleichzeitig anspruchslosen Gartenblumen. Einmal gepflanzt, blühen sie viele Jahre lang. Allerdings sollten die Zwiebeln im Herbst früh in die Erde kommen und im ersten Jahr eine Winterabdeckung erhalten. Je größer übrigens die Zwiebel ist, desto schöner wird die Blüte. Es gibt zahlreiche Arten und Sorten. Zu den bekanntesten gehören die orangerote Feuerlilie (L. bulbiferum), die rosaweiße Königslilie (L. regale), die starkduftende, schneeweiße Madonnenlilie (L. candidum), die Tigerlilie mit weit zurückgeschlagenen Blütenblättern (L. lancifolium, Foto).

Blütezeit: von Juni bis September.
Höhe: 60 bis 200 cm.
Standort: halbschattig, windgeschützt.
Boden: nährstoffreich, durchlässig.
Vermehrung: Brutzwiebeln, Zwiebelschuppen, Aussaat.

Narzisse

Narcissus

Seit sich die Züchter der Narzissen angenommen haben, entstanden etwa 20.000 Sorten. Ganz grob unterteilt man sie nach ihrer Blütenform. Es gibt Narzissen mit langer und kurzer Krone, ein- und zweifarbige, Miniatursorten und solche, die bis zu sechs Blüten an einem Stiel tragen. Viele Arten eignen sich besonders gut zum Verwildern.
Narzissenzwiebeln sollten möglichst früh im Herbst (bis Anfang Oktober) und in großen Gruppen gepflanzt werden. Nach fünf bis sechs Jahren werden die Blüten allmählich kleiner, dann sollten die Zwiebeln ersetzt werden.

Blütezeit: von März bis April.
Höhe: 10 bis 50 cm.
Standort: sonnig bis halbschattig.
Boden: nährstoffreich, nicht zu trocken.
Vermehrung: Brutzwiebeln, Aussaat.

Schneeglöckchen

Galanthus

Klein und zierlich sind die Schneeglöckchenblüten. Damit sie im Garten auch wirklich auffallen, sollten sie immer in dicken Tuffs gepflanzt werden. Das Schneeglöckchen sorgt aber auch selbst für seine Ausbreitung: Es bildet ununterbrochen Seitenzwiebeln, die oft schon im ersten Jahr blühen. Gut aufgehoben ist diese Frühlingsblume unter laubabwerfenden Sträuchern, im Steingarten und Rasen, neben anderen kleinen Blumen. Neben der üblichen Art (Galanthus nivalis, Foto) gibt es auch eine gefülltblühende Sorte 'Plenus' und eine Art mit größeren Blüten, G. elwesii.

Blütezeit: von Februar bis März.
Höhe: 15 bis 20 cm.
Standort: sonnig bis leicht schattig.
Boden: nährstoffreich, leicht feucht.
Vermehrung: Brutzwiebeln.

Schwertlilie
Iris

Den deutschen Namen Schwertlilie bekam die Iris wegen der schwertförmigen Blätter und der lilienähnlichen Blüten. Verwandt mit der Lilie ist sie aber nicht. Unter den rund zweihundert Iris-Arten gibt es zwiebelbildende und solche mit rhizomartigen Wurzelstöcken. Zu den Zwiebelblumen gehören die vor allem als Schnittblumen bekannten „Holländischen Schwertlilien“ (Hollandica-Hybriden), aber auch Frühlingsblüher wie die blauviolette Zwergiris (I. reticulata, Foto).

Alle Zwiebeliris-Arten sind etwas frostempfindlich. Sie sollten früh im Herbst gepflanzt werden und brauchen eine Winterabdeckung aus Laub oder Stroh.

Blütezeit: von März bis Juni.
Höhe: 10 bis 80 cm.
Standort: sonnig bis halbschattig.
Boden: nährstoffreich, durchlässig, kalkhaltig, nicht zu feucht.
Vermehrung: Brutzwiebeln, Aussaat.

Steppenkerze
Eremurus

Wie eine Spinne sieht der knollenförmige Wurzelstock der Steppenkerze aus. Beim Pflanzen werden die einzelnen Spinnenarme sternförmig ausgebreitet – aber vorsichtig: Sie brechen sehr leicht ab.

Steppenkerzen sollten immer in kleinen Gruppen gesetzt werden; einzeln sehen die meterhohen weißen, gelben oder rosaroten Blütenschäfte etwas verloren aus. Die Pflanzen sind ein wenig schwierig, was den Standort angeht: In der Wachstumsphase mögen sie es feucht, in der Ruhepause im Winter eher trocken.

Blütezeit: von Juni bis Juli.
Höhe: 100 bis 200 cm.
Standort: sonnig und warm, möglichst windgeschützt.
Boden: nährstoffreich, durchlässig.
Vermehrung: Aussaat, Wurzelteilung (schwierig!).

Tulpe

Tulipa

Aus dem Frühlingsgarten sind Tulpen einfach nicht wegzudenken. Vor allem aus den Niederlanden kommen ständig neue Sorten: hochgezüchtete Gartentulpen wie Mendel- und Triumph-Tulpen, Darwin-Hybriden und lilienblütige Tulpen, gefranste und Papagei-Tulpen (Foto). Einen festen Platz haben sich inzwischen aber auch die zahlreichen botanischen oder Wildtulpen erobert. Wer Arten und Sorten geschickt kombiniert, hat bis zu drei Monate blühende Tulpen im Garten.
Gepflanzt werden Tulpenzwiebeln im September/Oktober, etwa 10 cm tief.

Blütezeit: von März bis Mai.
Höhe: 20 bis 80 cm.
Standort: sonnig bis halbschattig.
Boden: durchlässig, leicht sandig.
Vermehrung: durch Brutzwiebeln.

Winterling

Eranthis hyemalis

Oft liegt noch eine Schneedecke im Garten, wenn sich die leuchtendgelben Blüten des Winterlings ans Licht schieben. Wie Butterblumen auf kurzen Stielen sehen sie aus. Nach der Blüte, im Mai, welken die Blätter schnell ab. Vorher aber sorgt der Winterling für seine Vermehrung: Er sät sich selbst aus. Die Fruchtstände müssen aber stehenbleiben. Die kleinen, schwarzen Knollen des Winterlings sollen im September/Oktober gepflanzt werden, aber nicht tiefer als 4 bis 5 cm. Ein Platz im Steingarten oder auch unter Gehölzen ist ideal. Nur zu trocken darf er nicht sein.

Blütezeit: von Februar bis März.
Höhe: 10 bis 20 cm.
Standort: sonnig bis halbschattig.
Boden: durchlässig, leicht feucht.
Vermehrung: Aussaat.

Achtung!
Die Herbstzeitlose enthält ein tödliches Gift. Aber auch andere Zwiebelpflanzen sind gefährlich: Kaiserkrone, Narzisse, Schneeglöckchen und Winterling. Verwahren Sie die Zwiebeln unbedingt kindersicher auf!

Zeitlose

Colchicum

Wenn sich die ersten Blätter an den Bäumen verfärben, öffnet die Zeitlose ihre weißen, rosa oder violetten Blüten. Blätter sind zu diesem Zeitpunkt noch keine zu sehen; sie wachsen erst im kommenden Frühjahr. Die Blüten ähneln Krokusblüten. Die Knollen allerdings sind viel größer als die vom Krokus.
Die bekannteste Zeitlose, die Herbstzeitlose (C. autumnale), trifft man wildwachsend überall in Europa. Größere Blüten hat C. byzantinum. An den gelben oder weißen Stellen im Blütenschlund erkennt man die C. speciosum (Foto).
Leider zählen die Zeitlosen zum Giftigsten, was in der Natur wächst. Ihre Blüten und Samenstände enthalten den hochgiftigen Stoff Colchicin. Wer kleine Kinder hat, sollte sie nicht pflanzen. Eine Zeitlose braucht übrigens weder Wasser noch Erde, um zu blühen. Sie können eine Knolle einfach an ein helles Fenster legen – nach einigen Wochen blüht sie. Anschließend kommt sie dann zum Weiterwachsen in den Garten.

Blütezeit: Ende August bis Oktober.
Höhe: 10 bis 20 cm.
Standort: sonnig bis schattig.
Boden: nährstoffreich, durchlässig.
Vermehrung: Brutzwiebeln, Aussaat.

Blumen für alle Fälle

Auf diesen Seiten finden Sie die wichtigsten Gartenblumen – geordnet nach ihrem Verwendungszweck.

Frühlingsblüher

(März bis Mai)

Adonisröschen
(Adonis vernalis)

Bergenie
(Bergenia-Hybride)

Blaukissen
(Aubrieta-Hybride)

Frühlingsanemone
(Anemone blanda)

Gänsekresse
(Arabis)

Gemswurz
(Doronicum)

Hyazinthe
(Hyacinthus orientalis)

Kaiserkrone
(Fritillaria imperialis)

Kissenprimel
(Primula vulgaris)

Krokus
(Crocus)

Maiglöckchen
(Convallaria majalis)

Märzbecher
(Leucojum vernum)

Narzisse
(Narcissus)

Schleifenblume
(Iberis sempervirens)

Stiefmütterchen
(Viola-Wittrockiana-Hybride)

Tausenschön
(Bellis perennis)

Tränendes Herz
(Dicentra spectabilis)

Traubenhyazinthe
(Muscari)

Tulpe
(Tulipa)

Vergißmeinnicht
(Myosotis)

Sommerblüher

(Mai bis August)

Atlasblume
(Godetia)

Eisenhut
(Aconitum)

Fingerhut
(Digitalis)

Fleißiges Lieschen
(Impatiens walleriana)

Gladiole
(Gladiolus-Hybride)

Glockenblume
(Campanula)

Inkalilie
(Alstroemeria)

Jungfer im Grünen
(Nigella damascena)

Kapuzinerkresse
(Tropaeolum)

Lilie
(Lilium)

Lobelie
(Lobelia erinus)

Löwenmäulchen
(Antirrhinum majus)

Lupine
(Lupinus)

Margerite
(Chrysanthemum maximum)

Mohn
(Papaver)

Nelke
(Dianthus)

Pfingstrose
(Paeonia)

Ranunkel
(Ranunculus asiaticus)

Ringelblume
(Calendula officinalis)

Rittersporn
(Delphinium-Hybriden)

Schmuckkörbchen
(Cosmos)

Sonnenblume
(Helianthus)

Sonnenbraut
(Helenium)

Sonnenhut
(Rudbeckia)

Stockmalve
(Alcea rosea)

Studentenblume
(Tagetes)

Verbene
(Verbena)

Wicke
(Lathyrus)

Winde
(Convolvulus)

Zinnie
(Zinnia)

Herbstblüher

(September bis November)

Alpenveilchen
(Cyclamen)

Chrysantheme
(Chrysanthemum-Indicum-Hybride)

Dahlie
(Dahlia)

Glattblattaster
(Aster novi-belgii)

Herbstanemone
(Anemone-Japonica-Hybride)

Herbstzeitlose
(Colchicum autumnale)

Lonas
(Lonas annua)

Silberkerze
(Cimicifuga)

Winterblüher

(Dezember bis Februar)

Blausternchen
(Scilla siberica)

Christrose
(Helleborus niger)

Schneeglöckchen
(Galanthus nivalis)

Winterling
(Eranthis hyemalis)

Zweriris
(Iris reticulata)

Blumen mit ländlichem Charme

Akelei
(Aquilegia)

Brennende Liebe
(Lychnis chalcedonica)

Dahlie
(Dahlia)

Eisenhut
(Aconitum)

Fingerhut
(Digitalis)

Flammenblume
(Phlox paniculata)

Goldlack
(Cheiranthus cheiri)

Levkoje
(Matthiola incana)

Löwenmäulchen
(Antirrhinum majus)

Nelke
(Dianthus)

Pfingstrose
(Paeonia)

Reseda
(Reseda odorata)

Ringelblume
(Calendula officinalis)

Rittersporn
(Delphinium-Hybriden)

Silberblatt
(Lunaria rediviva)

Stockmalve
(Alcea rosea)

Strohblume
(Helichrysum bracteatum)

Tränendes Herz
(Dicentra spectabilis)

Vergißmeinnicht
(Myosotis)

Duftende Blumen

Dichternarzisse
(Narcissus poeticus)

Duftwicke
(Lathyrus odoratus)

Flammenblume
(Phlox paniculata)

Goldlack
(Cheiranthus cheiri)

Levkoje
(Matthiola incana)

Lilie
(Lilium)

Maiglöckchen
(Convallaria majalis)

Nachtviole
(Hesperis)

Nelke
(Dianthus)

Reseda
(Reseda odorata)

Schneeglöckchen
(Galanthus nivalis)

Taglilie
(Hemerocallis)

Vanilleblume
(Heliotropium arborescens)

Ziertabak
(Nicotiana alata)

Pflanzen für Blumenmeere und Blumenwiesen

Bartnelke
(Dianthus barbatus)

Blausternchen
(Scilla siberica)

Dotterblume
(Caltha)

Duftveilchen
(Viola odorata)

Gänseblümchen
(Bellis perennis)

Hahnenfuß
(Ranunculus)

Kissenprimel
(Primula vulgaris)

Klatschmohn
(Papaver rhoeas)

Kornblume
(Centaurea cyanus)

Kornrade
(Agrostemma githago)

Kuckucksnelke
(Lychnis flos-cuculi)

Margerite
(Chrysanthemum leucanthemum)

Schafgarbe
(Achillea millefolium)

Wildcrocus
(Crocus chrysanthus)

Blühende Bodendecker

Elfenblume
(Epimedium)

Grasnelke
(Armeria)

Günsel
(Ajuga reptans)

Immergrün
(Vinca minor)

Schaumblüte
(Tiarella cordifolia)

Steinbrech
(Saxifraga-Arendsii-Hybride)

Steinkraut
(Alyssum)

Sternmoos
(Sagina subulata)

Thymian
(Thymus doerfleri)

Waldsteinie
(Waldsteinia)

Blumen für Steingarten und Trockenmauern

Adonisröschen
(Adonis vernalis)

Blaukissen
(Aubrieta-Hybride)

Fetthenne
(Sedum)

Gänsekresse
(Arabis)

Hauswurz
(Sempervivum)

Karpatenglockenblume
(Campanula carpatica)

Polsterphlox
(Phlox amoena)

Seifenkraut
(Saponaria)

Sonnenröschen
(Helianthemum)

Steinbrech
(Saxifraga)

Steinkraut
(Alyssum)

Steinsame
(Lithospermum officinale)

Storchenschnabel
(Geranium)

Blumen, die viel Sonne brauchen

Bechermalve
(Lavatera)

Goldmohn
(Eschscholzia)

Inkalilie
(Alstroemeria)

Jungfer im Grünen
(Nigella damascena)

Kapkörbchen
(Dimorphoteca)

Mittagsblume
(Mesembryanthemum)

Mittagsgold
(Gazania-Hybride)

Nelke
(Dianthus)

Schmuckkörbchen
(Cosmos)

Sommeraster
(Callistephus chinensis)

Sonnenblume
(Helianthus)

Sonnenbraut
(Helenium)

Stockmalve
(Alcea rosea)

Blüten im Schatten

Akelei
(Aquilegia)

Fingerhut
(Digitalis)

Funkie
(Hosta)

Glockenblume
(Campanula)

Hasenglöckchen
(Hyacinthoides non-scripta)

Herbstanemone
(Anemone-Japonica-Hybride)

Lilie
(Lilium)

Maiglöckchen
(Convallaria majalis)

Nachtviole
(Hesperis matronalis)

Prachtspiere
(Astilbe)

Primel
(Primula)

Silberkerze
(Cimicifuga)

Storchschnabel
(Geranium)

Tränendes Herz
(Dicentra spectabilis)

Weiße Blüten

Chrysantheme
(Chrysanthemum)

Gänsekresse
(Arabis)

Glockenblume
(Campanula)

Hornkraut
(Cerastium)

Knotenblume
(Leucojum)

Lilie
(Lilium)

Maiglöckchen
(Convallaria majalis)

Pfingstrose
(Paeonia)

Schleifenblume
(Iberis)

Schneeglöckchen
(Galanthus nivalis)

Silberwurz
(Dryas octopetala)

Sommerhyazinthe
(Galtonia candicans)

Stockmalve
(Alcea rosea)

Ziertabak
(Nicotiana alata)

Blauviolette Blüten

Blaukissen
(Aubrieta-Hybriden)

Blausternchen
(Scilla siberica)

Eisenhut
(Aconitum)

Glockenblumen
(Campanula)

Primel
(Primula)

Rittersporn
(Dephinium)

Scheinmohn
(Meconopsis)

Schwertlilie
(Iris)

Sommervergißmeinnicht
(Cynoglossum)

Stiefmütterchen
(Viola-Wittrockiana-Hybride)

Traubenhyazinthe
(Muscari)

Vanilleblume
(Heliotropium arborescens)

Vergißmeinnicht
(Myosotis)

Rosarote Blüten

Bechermalve
(Lavatera)

Chrysantheme
(Chrysanthemum)

Fingerhut
(Digitalis)

Flammenblume
(Phlox)

Löwenmäulchen
(Antirrhinum majus)

Mohn
(Papaver)

Nelke
(Dianthus)

Pfingstrose
(Paeonia)

Prachtspiere
(Astilbe)

Ranunkel
(Ranunculus asiaticus)

Salbei
(Salvia)

Tränendes Herz
(Dicentra spectabilis)

Tulpe
(Tulpia)

Verbene
(Verbena-Hybride)

Wunderblume
(Mirabilis jalapa)

Gelbe Blüten

Gemswurz
(Doronicum)

Goldlack
(Cheiranthus cheiri)

Goldrandblümchen
(Sanvitalia procumbens)

Goldrute
(Solidago)

Mädchenauge
(Coreopsis)

Mittagsgold
(Gazania-Hybride)

Narzisse
(Narcissus)

Pantoffelblume
(Calceolaria integrifolia)

Ringelblume
(Calendula officinalis)

Schafgarbe
(Achillea)

Sonnenblume
(Helianthus)

Sonnenbraut
(Helenium)

Sonnenhut
(Rudbeckia)

Studentenblume
(Tagetes)

Taglilie
(Hemerocallis)

Winterling
(Eranthis hyemalis)

Blühende Blickpunkte

Akanthus
(Acanthus)

Federmohn
(Macleya)

Fuchsschwanz
(Amaranthus caudatus)

Herkulesstaude
(Heracleum)

Kaiserkrone
(Fritillaria imperialis)

Königskerze
(Verbascum)

Ligularie
(Ligularia)

Medizinalrhabarber
(Rheum palmatum)

Rizinus
(Ricinus communis)

Schaublatt
(Rodgersia)

Sonnenblume
(Helianthus)

Steppenkerze
(Eremurus)

Zierlauch
(Allium)

Blüten am Teichrand

Eisenhut
(Aconitum)

Fackellilie
(Kniphofia)

Felberich
(Lysimachia)

Frauenmantel
(Alchemilla mollis)

Funkie
(Hosta)

Gauklerblume
(Mimulus)

Geißbart
(Aruncus dioicus)

Herkulesstaude
(Heracleum)

Mädesüß
(Filipendula ulmaria)

Prachtspiere
(Astilbe)

Primel
(Primula)

Schwertlilie
(Iris)

Sumpfdotterblume
(Caltha palustris)

Taglilie
(Hemerocallis)

Trollblume
(Trollius)

Blühende Pflanzen im Kübel

Bougainvillea
(Bougainvillea)

Engelstrompete
(Datura)

Fuchsie
(Fuchsia)

Hibiskus
(Hibiscus rosa-sinensis)

Hortensie
(Hydrangea)

Lilie
(Lilium)

Oleander
(Nerium oleander)

Schmucklilie
(Agapanthus)

Schönmalve
(Abutilon)

Strauchmargerite
(Chrysanthemum frutescens)

Topfrose
(Rosa)